U0944170

没有管不好的员工

15个激活员工潜能的高效管理技巧

[加]特雷弗·索恩斯(Trevor Throness)著

汪莹 译

THE POWER OF PEOPLE SKILLS

How to Eliminate 90% of Your HR Problems and Dramatically Increase Team and Company Morale and Performance

台海出版社

图书在版编目（CIP）数据

没有管不好的员工 /（加）特雷弗·索恩斯著；汪莹译 . -- 北京：台海出版社，2018.7

书名原文：The Power of People Skills: How to Eliminate 90% of Your HR Problems and Dramatically Increase Team and Company Morale and Performance

ISBN 978-7-5168-1956-2

Ⅰ . ①没… Ⅱ . ①特… ②汪… Ⅲ . ①企业管理－人事管理－研究 Ⅳ . ① F272.92

中国版本图书馆 CIP 数据核字 (2018) 第 134191 号

著作权合同登记号　图字：01-2018-3413

没有管不好的员工

著　　者：[加] 特雷弗·索恩斯
译　　者：汪　莹

责任编辑：刘　峰
装帧设计：异一设计

出版发行：台海出版社
地　址：北京市东城区景山东街 20 号　　邮政编码：100009
电　话：010－64041652（发行，邮购）
传　真：010－84045799（总编室）
网　址：www.taimeng. org. cn/thcbs/default. htm
E－mail：thcbs@126.com

经　销：全国各地新华书店
印　刷：香河县宏润印刷有限公司
本书如有破损、缺页、装订错误，请与本社联系调换

开　本：710mm × 1000mm　　1/16
字　数：167 千字　　印　张：15
版　次：2018 年 9 月第 1 版　　印　次：2018 年 9 月第 1 次印刷
书　号：ISBN 978-7-5168-1956-2

定　价：49.00 元

致我的父母

他们为他人奉献一生

为我们树立了真正的领导力典范

前　言

我在一个领导之家长大。我的爸爸是当时加拿大规模最大的一家教堂的牧师。同时，他还创建了一所学校，现在拥有 1200 名在校学生。而我的妈妈拥有一颗仁爱之心，她为许多智障儿童开设课程。在她弥留之际，还有一位患有唐氏综合征的男人定期来看望她，他住在镇子的另一头，每次都骑着自行车穿过镇子来到我们家。我举这个例子是对妈妈最高的致敬。他们仅仅领着微薄的薪水，但是却秉着一颗赤诚之心，全心全意为大众服务。

我的父母还利用闲暇时间在镇上成立了多个组织。这让我和兄弟姐妹们从小就担当起领导他人的重任。年幼的我为孩子们上过课，当过营地顾问，做过青少年团队的领队，还经常组织音乐表演。在我儿时的回忆里，自己一直都在与人共事或者为人服务。

读大学时，我担任过宿舍管理员，并在许多志愿者活动中担任过领导的职位。大学毕业后，我在一家飞速发展的教堂做青年牧师，工作主要面向青少年和志愿者。后来，我们花了大量时间在全世界进行巡游，并采访了全球最卓越、最能激励志愿者的领袖们。我们可以向这些领袖学习，他们真的是卓越的领导者。因为领导好一群拿报酬的人是一回事，但是志愿者们不领薪水，他们本可以轻松待在家里，所以要领导好他们又是另外一回事。

当时，我向许许多多在教会工作的领导者学习。在韩国首尔，我们参观了世界上规模最大的教堂（首尔汝矣岛纯福音教会，当时他们的会员数量大约有 70 万人），我和他们的长老进行了交流。他领导的牧师人数超过 500 名，管理着数以万计的志愿者。我当时是招聘志愿者的领袖，主要工作职责是设计新的策略，用于开展志愿者的培训、聘用和统筹调配工作。这次的经历极大地开拓了我的视野，让我受益匪浅。

后来我转行至商界，在一家拥有全球业务的中型企业工作。我惊讶地发现，公司的领导很少花时间（甚至根本不花任何时间）去提高员工的积极性、优化企业组织结构，吸引并留住优秀员工。

当时的通行做法就是刊登招聘广告，岗位招聘完毕就将其抛在脑后。等到员工辞职不干，或者工作中出现了问题，管理层才开始进行干预。我吃惊极了，我一直以为商界不存在这种问题。但更令我惊奇的是，这种人员管理策略的缺失现象竟然相当普遍，我们公司绝非个案，我们的供应商和客户也是使用这种管理方式。但在我看来，这样做极大地浪费人力和财力，简直太疯狂了。工作多年，我亲眼见证当人们训练有素，积极投入工作时，他们的能力有多么非凡。

我试图将我的员工培养理念付诸实践。在商界拼搏 7 年以后，我意识到我渴求和商界领袖们一起，使公司取得“人员”的胜利，这才是我的激情所在。于是在2003年，我开始创业，并且从未后悔过。在人力问题上，我倾注了大量的心血。

现在，我帮助领导者应对公司发展所带来的种种挑战。其实，大多数的挑战都是人的问题。这些问题看起来很复杂，但是都有解决之道。想象一下：再给你一次机会，你不会再聘用那些低绩效员工，将来无须再和他们一起工作；下班后无须再和你的家人讨论公司的人力问题；工作的时候，也无须再花大量的时间担心你授权的任务能否被圆满完成。简而言之，你再也不需要为那些顽固的人力问题烦心劳力了。

和我合作的公司类型多种多样，遍及各行各业。每次合作结束后，他们公司里的关键职位都由真正的优秀员工或 A 级员工来担任。优秀员工指的是能“完成工作”的人，他们拥有你认为最重要的工作态度。在工作中，他们恪尽职守、敬职敬业。与“还过得去的”员工相比，优秀员工的绩效产出是他们的 3 倍。

但是，如果公司的重要职位由非优秀员工担任，按照职位的不同，这一做法将会浪费公司 2 到 15 倍的年薪。算一算：解决这个问题是何等重要。对于领导而言，最重要的技巧之一就是将合适的人安排在合适的位置上，组建并调配一支优秀的团队。

现在，市面上有大量关于打造优秀的公司文化的书籍和演讲，但是我觉得这并不复杂。简单地说：

优秀的企业文化要求团队的每位成员表现优秀。

糟糕的企业文化容忍员工长期的不佳表现。

我帮助公司通过实施各种措施增进沟通交流，提高员工专注度和参与度。现在我们处于一个新的时代，不能长期容忍员工们来上班混日子。身为领导，你需竭尽全力为合适的人员提供适当的培训指导，让他们和你一样朝着共同的目标迈进，这不仅是省钱之道，还是生财之路。本书旨在为你提供导航地图，帮助你一劳永逸地解决如何管理员工的问题。本书正是写给：

• **公司的老板和经理**。如果你是一位现场经理，无论你在总部或者分公司工作，你面临的最大挑战就在于如何正确地处理人力问题，这将决定未来你能否取得成功。

· **管理多个公司的地区经理**。如果你在管理多个公司，无论是公司直属业务，还是特许经营店的业务，这本书正是为你而写。你需要相关的技能为下属经理提供培训，指导他们如何处理手头最大的难题：如何管理员工的问题。

· **新上任的年轻领导者**。是否能赢取新团队成员的信任，并且最大限度地发挥他们的潜能，这直接关系到你在新岗位上的成败。长远角度来说，如何吸引、留住并培养优秀员工将会成为你需要掌握的最重要的能力。

· **董事会成员**。如果你受邀担任某个机构的董事，那么现在面临的最大难题就是人力问题。本书定会助你一臂之力，帮助你增强评估员工的能力，以及和员工打交道的能力。

· **非营利机构的领导人**。无论你领导的是一家非营利性组织、政府机构，还是一家学术机构，你遇到的大多数问题和其他每一家公司并无不同。每一次，当你需要组织人员来实现某个目标时，你所面临的挑战和其他所有的公司就是一样的。不会因为你的初衷是改变世界，挑战就能迎刃而解。

本书格式

为了节省大家的时间，每章的最后都配有章节小结，以及可以立马实施的行动步骤。

书中出现的名字和一些可识别的细节已略作修改，但是书里提到的案例和故事都是真实的。

目 录 CONTENTS

第一章

领导：学会领导而非管理你的团队

如果我要管理一家公司，我会将下面这个任务放在首位：网罗最优秀的人才。我愿意把手头其他的工作先放一放，让合适的人先“上车”。现在公司的“飞轮”即将转动，我必须找到并留住足够的合适人才，这将是制约公司能否取得成功的最大因素。

——吉姆·柯林斯

美国商业顾问以及《从优秀到卓越》作者

如果公司的每个关键职位都配备了优秀人才，那么公司的业绩将会提高3到10倍。做好这一点，比公司其他的一切事务都要重要，这应该成为领导者的第一要务。而且就像运动队的教练，我们应该为了实现这一目标，绞尽脑汁，缜密策划。

如果不信，想想公司最优秀的员工。如果没有他们，公司会变得怎样？如果他们纷纷离职，你会是什么反应？我们需要找多少人才能代替他们的位置？现在再想象一下，如果你的公司人才辈出，所有的重要岗位都找到了像他们一样的优秀人才，那公司又会变得怎么样？抛开公司不谈，那你的生活又会变得如何美好？和A级人才一起共事是多么令人愉悦呀。

如果你经常把工作问题带回家；如果你和你的伴侣在家还经常讨论公司的问题；如果你半夜睡不着觉，为公司的事情辗转反侧；如果你好像卡在某个无法跨越的障碍上；如果你筋疲力尽，正考虑把公司卖掉，打算改做其他更简单的工作。大多数的情况下，都是人力问题在让你苦恼。

表面上可能看起来好像是财务、库存、物流或者是客服出现了问题，正如仪表盘上闪烁着的警告灯。换言之，这些问题都来源于某个更深层次的原因，即：人的问题。有可能是把某个优秀的人才安排在错误的位置；或者将某个错误的人选安排在一个重要的岗位；也有可能这名员工曾经干得不错，但是随着公司的发展，他现在已经不能胜任这个岗位。

顺便提一下，领导者并不是因为工作负荷大而感到心力交瘁。因为如果从事的是自己擅长的且高效的工作，领导者会感到精力充沛。但是与表现不佳的员工共事则令人感到疲惫。作为一名领导，你不得不经常为团队里能力弱的成员代庖，替他们完成本来属于他们的工作（通常，这些工作你既不擅长也不喜欢）。被迫做一些你本不擅长的工作才会令人筋疲力尽。

作为领导者，你所处的是“人力”行业

一旦你领导的人数超过 5 名，那么你现在所处的行业再也不是餐饮、制造、零售行业，你所处的行业叫作“人力”行业！当然，你可以采用各种措施方法，让公司升级换代，但是人力策略必须先行。如果公司的重要职位缺少合适的人员，那么这只会是浪费金钱。如果没有做好这一步，经营策略再正确也没有用。无论你的财力多么雄厚、商业点子多么棒、员工培训计划多么翔实、质量体系多么完美，如果你公司的重要职位不是由合适的人员担任，那么其他的一切都将难以发挥作用。谁拥有最棒的团队，谁就会获得胜利。

如果你想改变生活，减少压力，让公司赚钱的同时又充满乐趣，那么你首先就要安排好人力问题。

货柜商店（Container Store）已经公开的成功秘诀是：一名卓越

的员工 = 3 名优秀的员工。1978 年，奇普·汀德尔（Kip Tindell）和加勒特·布恩 （Garrett Boone）在创立第一家商店时，他们采用的人力管理策略非常简单，就是说服最忠诚的、最优质的顾客加入公司，将他们培养成公司最优秀的员工。当时，货柜商店付给员工的薪水远远高于业界平均水平。而且，公司的创始人还投入大量的时间和精力对员工进行培训。全职员工第一年接受正规培训的时间高达 263 个小时，而当时零售业的平均培训时间仅为 8 个小时。

在零售业，员工在一家公司待的时间一般不超过一年，但是货柜商店的员工离职率却低于 10%，并且 2500 名员工中有三分之一都是因为他人推荐，慕名而来。公司从创始以来到 2014 年为止，业绩年增长率都超过 20%。简而言之，货柜商店致力于找到最优秀的员工，所以，他们的成功水到渠成。

吸引并留住优秀员工不仅能为公司赚钱，而且还能带来其他许多好处。也许他们需要接受指导、培训、职业咨询，甚至有时候还需要纠正、惩罚，但是他们无需别人的激励。他们主动性强，犯错少；他们会和客户建立良好关系；在公司内部，他们不会无事生非。因为他们深受你和其他员工的信任，所以处理事情的效率高。他们不会卷入导致效率低下的人事纠纷，也不需要别人去核查他们的工作，更不用别人去修补他们搞砸的人事关系。

当然，找到你既信任又喜欢的员工并不仅仅是满足你的喜好，你的收益表也充分体现了他们优秀的工作业绩。

在《从优秀到卓越》这本书中，吉姆·柯林斯为公司如何从优秀跨越到卓越（在 15 年期间，卓越公司的业绩是他们商业对手的 3 倍到 5 倍）的研究奠定了基础。他发现每个卓越的公司都拥有两大特点：

1. 为公司找到优秀的领导者；

2. 让合适的人上车，让不合适的人下车。

领导者的三个首要任务

领导者的工作不简单，但也并不复杂，简而言之，就是：

1. 为团队挑选最优秀的队员。

2. 清楚地让他们知道：应该怎样做才能胜任当前的岗位。

3. 定期为他们的工作提供反馈和指导。

这三个任务就是本章接下来要讲述的重点。这并不复杂，事实上，这很简单。但是你有没有在成功做到上述三点的公司就职过？很多人都没有为这样的公司服务过，因为绝大部分的领导者迁就低水准的员工。大多数情况下，公司缺乏清晰的职责要求，而且除非出现了大问题，否则员工很少得到反馈。

但这很关键，作为领导者，我们需要为团队找到最合适的员工，并且帮助他们清楚地了解工作要求。而且，领导者还应抓住每个机会，为员工提供培训指导，起到模范带头作用，增强员工的自信心。

当年作为销售行业的新手，我曾经在磁带上听到，有个人建议我们用一句话概述我们的工作职责。这个练习方法很有趣，可以化繁为简。我写的是："向现有或者潜在的零售商推销热水浴池。"就这么简单。这句话显著地提高了我的工作专注度。我把它贴在电脑显示器上，用来提醒自己，我的工作不是接电话、写电邮、开会、联系工厂。尽管这些都属于我的日常工作范畴，但是我的工作就是销售。

目标明确，再加上定期的反馈和指导，成果也就随之而来。

学会管理你的团队

哈里斯互动调查公司（Harris Interactive）是一家市场调研公司，它曾经对旅店 / 餐饮、汽车、银行 / 金融、通讯、教育、医疗、军事、行政管理 / 政府部门，以及电信等各个行业的 23 000 名全职员工进行调查。调查的目的是测量“执行差异”，即：公司原先制定的目标和实际达到的水平之间的差异。其中一些调查结果令人大吃一惊：

- 仅有 37% 的员工了解公司的目标。
- 仅有 20% 的员工对公司的目标充满激情。
- 仅有 20% 的员工知道怎样做才能帮助公司实现目标。
- 仅有 15% 的员工相信自己有能力朝着公司的目标迈进。
- 仅有 20% 的员工完全相信自己的公司。

想一下，这就是我们带领的团队：只有不到一半的人明白自己应该要干什么；只有五分之一的人热爱自己的本职工作；仅有五分之一的人清晰地了解工作要求；不到五分之一的人相信自己有能力向公司的目标迈进，但他们或许并不理解公司的目标到底是什么；最糟糕的是五分之一的员工对公司的管理层缺乏信任，毫不在乎他们在竞争中是赢还是输。

如果你就是这个团队的一员，你感受如何？如果你是这个团队的领导者，你感受如何？

要打造一个优秀的团队，可能需要我们重新审视一下我们的角色定位。我们通常用“管理者”来描述某个负责人，但是这一称呼加深了我们的误解，认为人可以被管理。实际上，我们应该把自己看作是“领导者”，或者一个更好的角色——“教练”。

管理者制定管理制度和过程，并从事精简以及监督的工作。事情可以被管理，比如库存水平、食物和人力成本、资本配置，或者产品质量等，但是人天生是无法被管理的。人充满了各种难以管理的情绪和私人问题。他们可能拥有你所需要的工作技能，但是他们表现出的工作态度却大相径庭、形形色色。大家更需要一名领导者。

许多软弱的“人力管理者”将人力问题看作是套在脖子上的枷锁，他们非常乐意将其解套。但他们没有意识到的是，“人”的问题总是比“事”的问题更重要。实际上，你不可能成为一名“人力管理者”，你要么是一名不懂得如何带领团队的糟糕领导者，要么是一名懂得领导的杰出领袖。

鉴于你现在取得的成就，你想成为哪一种领导者呢，答案显而易见。所以让我们一起踏上领导者的征途吧。

行动步骤

1. 为团队挑选最优秀的队员。
2. 清楚地让他们知道：应该怎样做才能胜任当前的岗位。
3. 定期为他们的工作提供反馈和指导。

本章小结

• 如果你能组建一个优秀团队，而且所有的成员都朝着同一个方向迈进，那么你将会成为行业翘楚。

• 要为公司的每一个要职找到优秀员工，这需要付出艰苦卓绝的努力，但是若能做到这一点，你公司的盈利能力将会远远高出其他的公司。这是打败你最强劲的竞争对手，获得他们数倍的业绩所需迈出的最重要的一步。

• 学会如何聘用并且留住优秀员工是公司取得成功的关键。

• 人不是用来管理的。要不你是一名优秀的领导者，要不你就是一名糟糕的管理者。

第二章
洞察：谁是团队中的优秀员工

我喜欢汤姆，他终日无所事事，毫无工作热情。他缺乏团队合作意识，不愿多出一点力。汤姆就是我们政府工作最适合的人选。

——罗恩·斯旺森

《公园与游憩》里的人物

我当年上的初中和其他所有的北美学校一样，用一种很简单的方法，为校队选拔运动员。上体育课时，学生组队来到棒球场、篮球场、冰球场、排球场上，每一种运动都尝试一下。有天赋的孩子自然而然地就脱颖而出，他们找到自己最擅长的运动，然后全力以赴，成为最棒的团队里最棒的选手。这些孩子将会成为校队的主力队员。

有些孩子资质中等，但是其中一部分人拼搏进取，努力训练球技，以提高自己在比赛中的成绩。另外一些中等水平的孩子打球全凭兴趣爱好，他们仅满足于在校内的比赛。

还有一群孩子，比例大概占到全队的10%，他们球技真的很糟糕。我对这群人了如指掌，因为在整个初中时期，我就是这群人的代言。加入这个团队的基本要求包括（但不仅限于）：

- 他们自豪地佩戴一条“参与者”的黄色带子，这根带子会发放给任何一个脑袋正常的人，只要他能够出席一年一度的田径运动会。
- 在球场上被大小不同的球击中脑袋，因为他们经常心不在焉，天马行空（看天空的云朵呀，幻想哪个超级英雄能够打败超人呀，答案：没有哦。）。

• 体育课上，无论被分到哪一组，都需要忍受其他成员的怒视。

这群人只有一个任务，就是：坐在看台上，为其他的队员鼓掌喝彩。或者也可以找到其他更擅长的事情做。

现在，大家认为，这种将“参与者”的带子分发给每个队员的方式过于残忍——无论参与者是第一名还是第十名。但是我不同意这种看法。我没有能够成为球队里的主力球员，但这却帮助我找到了最擅长的兴趣爱好，那就是音乐。我对音乐满怀热情。我会把钱省下来去观看爵士乐巨匠的演唱会（现在他们很多人都已经逝世），去参加地区性和国家级的比赛，我因此掌握了一门新的技能。音乐现在仍给我带给许多快乐。

每个人都有自己擅长的领域。如果有一名员工不适合他当前的岗位，这表示他可能擅长其他什么别的工作。

如果你和大多数的领导者一样，对员工的评价一般高于他们的真实水平，这可能出于多种原因：可能因为你不想伤害到他们，他们其实人不错；或者因为你人不错，不想给任何人带来痛苦；也可能因为如果评分更低的话，那就意味着你不得不找他们进行某些艰难的、不愉快的谈话，这可能导致你不再那么受人喜爱。

第四章，我们将会直面这些恐惧，但是现在我们可以这样说，如果你不能诚实地评价每位员工，那么无论对你还是对他们而言都毫无益处。这只会影响整个团队的表现。

四个关键问题

现在，我们试着为公司每位重要的员工进行一个简单而真实地评价。首先将这些主力队员的名字写下来，然后回答以下四个问题。

1. 如果重来一次，你还会再雇佣他吗？

2. 他能为你排忧解难吗？

3. 如果他决定辞职，你是什么感受？

4. 如果公司每个人都和他一样，情况会如何？

1．如果重来一次，你还会再雇佣他吗？

以你现在对他的了解，如果回到过去，倒回到你最初决定雇用他的那一刻，你还会再雇佣他吗，并且会很开心做出这一决定吗？如果做出这一假设，不会有任何不良的后果：你不需要回顾历史，不需要弄明白为什么当时决定要雇佣他；也不用担心现在需要找其他人选来顶替他；不用担心将要进行一次痛苦的谈话。抛开这一切，你的答案是什么？如果重来一次，你还会再雇佣他吗？

如果这是一名优秀员工，那么每次你都会响亮地回答："是的"。

2．他能为你排忧解难吗？

聘请他担任这个职位，能否让你的忧愁消失得无影无踪？你可以放心地回家，相信他会把事情做得滴水不漏？还是你会担心他的工作表现，复查他的工作成果？会建立机制（你亲自或者派他人）揪出他的错误呢？

你回到家后，心里还是在操心本应由这名员工所操心的事情，替他承担他的工作压力吗？那你当初雇佣他，现在仍旧付他薪水的原因，不就是让他完成这份工作，你不用再去操心吗？那么现在你为什么要白白付他薪水，自己还需要替他完成工作，承担他的工作压力？这完全说不通呀！

你是否曾经被人指责过授权不力？可能这不是因为你委派能力有问题，而是因为你挑选的队员有问题。我发现如果把一项重要的工作委派给某个得力大将，即使是最亲力亲为的经理，也会觉得放手比事必躬亲要轻松得多。但前提是这名员工一直尽忠尽职，他能够漂亮地完成你的指派工作。如果你不愿意授权，这也许说明你曾有过一段不愉快的经历：你曾经因为将工作分配给错误的员工，而吃过大亏。

但如果是优秀员工在做事，我们可以放宽心，因为我们相信他能把事情办好。

3．如果他决定辞职，你是什么感受？

你是感到很开心，如释重负，还是半喜半忧，或是感到非常沮丧？

表现欠佳的员工离开公司的时候，他经常幻想世界离了他就不转，他幻想着客户们听说他离职会多么沮丧。想到那些前同事们因为他的离职而有着做不完的工作时，他得意扬扬地笑着。他相信公司上上下下一定会后悔，后悔未能珍惜他对公司做出的不可替代的贡献。

可他不知道的是：听说他离职，大家都欢呼雀跃。一名绩效低劣的员工离职，和他共事的人非但不会感到伤心，反而会大舒一口气，甚至感觉很开心。无论是他的客户，还是同事，想到不用再应付他那种糟糕的行为，只会觉得心花怒放，没人会觉得悲伤。

反而言之，如果是一名优秀员工离职，他的领导和同事们都会感到很难过，甚至伤心欲绝。也许大家还会感到恐慌，没有他会怎么样？最终大家会恢复理智，但是对于优秀员工的离职，大家不会感到半喜半忧，也绝对不会觉得如释重负，或者面露喜色。

我多次在半夜三更收到 CEO 的电话，告诉我他得知有名优秀员工马上要离职。这种消息一般让 CEO 们感到很震惊。优秀员工离职会给 CEO 们带来许多不良的后果。想到这一噩耗时，电话里常常出现长时间的沉默。

优秀员工的标志之一就是大家都舍不得他离职。

4．如果公司每个人都和他一样，情况会如何？

这名员工可以提升你们公司的整体水平，还是拉低了公司的水准？

如果团队里的每个成员都和他一样，那么团队的整体水平是得到了提高还是被拉低？显然，低于平均水平的队员会降低整个团队的成绩。

青少年时期，我曾经在暑假打过一份工，在亚伯达省许多小镇的农田上搭建活动房屋。这些房屋都是由半圆形的波纹钢板材料，用成千上万，甚至成百万个螺栓固定搭建而成。我的工友在活动房屋外面，把螺栓插进预先打好的镀锌钢孔内。而我的工作就是套好螺帽，并用扳手固定住。我的工友则使用气动钻将螺栓拧紧。每天我们都要重复上千次这样的操作。我和工友觉得这份工作毫无意义，并且我们也不擅长。我们经常手忙脚乱，无数次地从梯子上爬上爬下，将丢了的螺帽和螺栓捡回来。在活动房屋建筑团队里，我们算不上是优秀员工。

随着时间的推移，其中有一个两人组合效率变得越来越高，比我们其他的人都要快两到三倍。他们飞快地爬梯子，如军人般精准地将螺栓打进波纹钢板。他们态度积极，热情主动，似乎很享受这份工作。那时，他们对工作的激情对我而言就如谜一般令人费解。这份暑期工的生活枯燥无味：吃在工地，睡在车库地上，每天需要拧紧成千上万个螺栓。这一点也不符合我当时对自己的定位：大城市见过世面的人。现在回想起来，不知道当时的老板是怎么看待我们这个两人组合，那时的优秀员工又是怎么看待我们这些普通员工的？如果我们所有的人都和那些表现优秀的队员一样，拥有高超的技巧和热情的干劲，那我们的团队本可以搭建多少个活动房屋呀！

如果你的团队都是优秀员工，那么你的公司将会所向披靡，你的生活将会非常美好！我们应该不遗余力地吸引和留住优秀员工！

优秀员工和非优秀员工的区别

如上所述，打造一个卓越的团队是领导者最重要的工作内容。优秀员工和非优秀员工区别如下：

优秀员工	非优秀员工
准时	“尽量”准时
积极投入	发号施令，希望别人遵守
识人用人，及时改正错误的雇佣决定	团队里都是非优秀员工，士气低下
正直	偷工减料，爱钻空子
寻找挑战 / 机遇	找另一份工作
工作充满热情	缺少干劲，不思进取
从错误中学习	经常犯错，却不吸取教训

续表

优秀员工	非优秀员工
坚持不懈，完成工作	推卸责任
稳步提高自己的工作能力	原地踏步，止步不前
经常完成指标	经常“差一点”完成指标
和人相处很好	挑起事端
专注于找到解决方案	为事情完不成找借口
找到难题的解决方法	面对挑战时，找借口放弃

更糟糕的是，优秀员工和非优秀员工赚的钱几乎是一样的，这多么令人讽刺。几乎任何一个职业都是如此。当我们挑选家庭医生时，想一想，其实一半的家庭医生毕业时都属于成绩落后的学生（假设所有的医科学生都毕业于某个班级，那么自然有一半的学生是班上成绩靠后的群体，对吗？），他们收费相同，但是他们的服务质量并不相同。其他职业亦是如此，比如律师、购买商、CEO、电工、运营经理、理发师、销售经理、零售职员等。有些人工作能力很强，有些人却不是，但是他们获得的薪酬待遇几乎没有差别。

如果事实如此，我们为什么不下定决心，就在此时此刻，立马开始为我们的公司吸引最优秀的员工呢？因为这可能还不需要多花很多钱。

优秀员工的十大特征

不管薪酬多少，职位高低，团队里的优秀队员一定会拥有某些共同的特质：

1. 成熟。

2. 热情。

3. 有干劲。

4. 有原则。

5. 可靠。

6. 积极。

7. 优秀的人喜欢和优秀的人在一起。

8. 放在任何位置都能发展得很好。

9. 丰富的成功经历。

10. 受到同事的尊重。

1．成熟

成熟指的是能够站在别人的角度考虑问题。和成熟的人相处很愉快，他在工作场合不会无事生非。他能够客观地评价自己的长处，犯错时能够勇于承担责任。他不仅能从自己的角度出发，而且能够站在别人的角度看待问题。

不成熟的人只会站在自己的角度考虑问题。他对任何不能给他带来“短期利益”的人都有看法。在他的眼里，任何和他有冲突的人立刻变成“坏人”。而且他很喜欢将自己的这种看法强加给别人。从一个人的世界观上可以大致判断他是个什么样的人。

在我年轻做销售的时候，曾经和一名很难搞的客户打过交道。每次接到他的电话，我都心情一沉。我需要打起十分精神，应付接下来长达 10 分钟到 15 分钟不愉快的通话。

这名客户他自己拥有一家公司，但是他对身边的人评价都很低：他的妻子没法像他要求的那样讨好他；任何和他做生意的人（包括我）都在欺骗他；更糟糕的是，他的员工，有部分还是他的家人，都想骗他。在他眼里，世上所有的人都想侵占他的时间，盗取他的产品，骗取他的钱财。身边有这样的一个人真是耗人精力，令人感到疲倦不已。

有一次，我听完他那一长段的关于“反员工”抱怨后，终于忍不住反驳道：“你有没有意识到刚才你描述的正是我对你的评价？你也总是想从我们的口袋里掏出最后一分钱（我是他的供应商）。假装产品质量有问题；提交假的保修索赔；索取免费产品；免费占用我们技术人员的时间等。因此，请相信，我完全明白你的感受！是不是你把员工训练成了和你一样的人？”令我吃惊的是，他不好意思地大笑起来，低头看着脚下，然后走开了。下次他再和我谈话时就变得很谨慎。

正如拉尔夫·瓦尔多·爱默生曾经说过：“人们似乎没有懂得，他们对于世界的见解其实也是他们品格的自白。”

2. 热情

优秀员工对自己的工作充满热情。他们真的在乎自己的客户，关心自己的公司。但是每个人热情的表现方式各不相同。有些人情绪外显，热情四射；而有些人性格安静，意志坚定。但是无论哪种性格，优秀员工的热情终会闪光发亮。

有些人天生适合高调的位置。聚光灯自然聚焦在他们身上，他们出尽风头，这很好。但是还有一些优秀员工喜欢安静，不爱出风头，这需要你仔细观察。

我曾经和一家跨国公司合作。他们先提名选举，接着投票选出“年度最具价值员工”。每一年，这一奖项都由同一名高层主管获得，他是一名优秀的销售人员，是大家公认的优秀员工。

有一年，他们正在讨论候选人名单。突然，有人提到了杰姬的名字。杰姬是一名会计，在公司已经干了……没人知道她具体干了多少年。她平时在公司诚实肯干，而且拥有出色的工作态度。对于同事，她鼓舞人心；对于工作，她尽忠职守。她的工作，从未有人抱怨。对待身边的人，她总是体贴友善，真正地关心他人。她很有礼貌，积极主动，也真正地关心公司。

但是，杰姬特别腼腆，少言寡语。虽然她给团队带来了正面力量，毫无疑问地提高了团队的平均水平，但是她和同事相处的时间并不长。她独自在办公桌上吃饭，下班后就直接回家，避免给自己带来任何关注。她和过去那些获此殊荣的优秀员工完全不同。但是在获得了管理层的提名后，她却以压倒性的胜利被同事们评选为“年度最具价值员工”。

虽然我们的工作职位高低不同，但是人人都可以成为优秀员工。人各有千秋，热情表现的方式也是千差万别。

3. 有干劲

优秀员工在乎自己的本职工作。他们能够自我激励，然后完成工作，而且不会中途放弃。他们不需要你为他发动引擎，自己能独当一面。也许他需要你的意见、鼓励、指导，但是他却不需要你来激发他的工作动力。他们天生就对工作充满干劲。

如果你发现自己正在考虑建立一个激励机制，保证员工履行本来他拿了薪水就应完成的最基本的职责，那么这就有问题。奖金应该是用来奖励高于平均水平，超出基本工作要求的表现。工资不是“全勤奖”，不应该用额外奖金来激励员工履行最日常的工作职责。

4. 有原则

每个人都想赢，但真正的优秀员工知道底线在哪里。对待客户，他不会消极怠工。他不会进行不正当的幕后交易，也不会偷偷摸摸地将办公用品带回家。他值得信任。如果将重要的信息，甚至金钱托付给他，你很放心。因为他是一个有原则的人。

我见过很多能力很强的人，因为一些小事，一些他们平时都没有注意的事情与晋升机会失之交臂。比如他们平时午休时间太长，占用了过多的工作时间，或者他们将公司“有缺陷”的产品带回家。这说明原则真的很重要。

我过去服务过的一家公司，有一名顶尖的销售人员。他非常擅长销售，深受客户的喜爱，也受到同事的钦佩（虽然有点不情愿）。他的销售额远远高于其他的同事。但是如果客户们知道他在背后是如何评价他们，那么客户对他的表现就不会那么满意了。

在办公室里，他对那一小群崇拜他的年轻人自吹自擂，告诉他们自己如何欺骗客户，骗他们签下合同。这些合同也许对公司以及他自己非常有利，但是长远角度来看，这并不是理想的合同。他在电话里会对客户讲一些“善意的谎言”，比如掩盖耽误了的交付日期或者产品的质量问题。

尽管大家都承认他是一名很有价值的员工，但没人尊重他，也没人信任他。管理层考虑晋升时，也总是将他从名单里剔除，虽然他那么聪明，那么富有才华，那么有干劲。

5. 可靠

优秀员工恪守诺言，言出必行。你不用担心他会忘了早上起床将店门打开，如果这是他的工作职责的话。你不会半夜突然惊醒，担心他忘记打哪个重要的电话。他为人可靠，一旦做出承诺，就一定会将事情办好。

可靠的人能够减轻你的工作压力，但是和不可靠的人相处真的很难熬。

6. 积极

优秀员工拥有积极的态度。这指的不是他们早上起床是否开心愉悦（他们有可能是这样），我说的是他们是否拥有积极的心态，面对难题时会说："我们来解决它吧。"他们会去寻求解决的方法，用一种积极的态度推动事态的发展。我参加过多场工作面试。在面试中，我总是特别关注求职者身上是否具有这一特质，虽然这个过程需要花费大量的时间和精力。

非优秀员工遇到困难时，出于各种原因，总是往后退缩。最后，工作总是出现各种状况，以失败而告终。但是如果优秀员工遇到高墙，他们会想办法解决：爬过去，挖洞过去，绕过去，甚至把墙炸开，再过去。

积极的心态指的不仅是拥有灿烂的微笑，更在于是否足智多谋。积极的人面对问题时，他会接受现实，然后想办法解决。

7. 优秀的人喜欢和优秀的人在一起

优秀员工很少会和非优秀员工混在一起。一般而言，优秀员工身边聚集的都是优秀员工，无论在工作中，还是在生活中都是如此。如果你所谓的优秀员工身边都是"有毒"的人，那么就很可疑了。优秀员工之所以是优秀员工，部分原因是因为他的团队都是由优秀员工组成。我们是身边最亲近的 5 个人的平均值。

优秀的人喜欢和优秀的人一起同行。读书时期，优秀的球员加入优秀的球队，同样，优秀的学生、优秀的艺人、优秀的音乐人、优秀的技工，以及优秀的喜剧演员也是如此。失败的人也喜欢和失败的人在一起。糟糕的学生、终日沉迷派对的人、吸毒者和罪犯也是成群出行，长大后也不会有太多的改变。

铁磨铁，磨出刃来。朋友相感，也是如此。你是被磨出刃还是钝出锈，这取决于你选择与谁同行。

8. 放在任何位置都能发展得很好

找到优秀员工的方法之一就是：这名员工在哪个位置都能发展得很好。如果他在目前岗位干得很出色，而且再给你一次机会的话，你会毫不迟疑地再次聘用他，那么你已经找到了一名优秀员工。

所以呢，有两种类型的优秀员工：有些人在目前这个职位干得不错（把他们放在任何位置都能发展得很好），并且他们具备上升的空间，可以承担更多的工作职责；还有一些人目前做得很好，但是他们应该永久待在这个职位，他们属于那种“遗留”的职位。

如果某个优秀员工不适合晋升,这并不代表他不属于优秀员工。适合晋升的人渴望获得更高的职位，而且他也具备新职位所需要的工作能力、领导才能，以及聪明才智。这两种类型的人都属于优秀员工。但是，如果你将处于“遗留”职位的人提拔到一个超出他能力范围的职位，你反而会失去一名优秀员工，使他变成了一名非优秀员工，这绝非明智之举。

我曾经遇到过一名才华横溢的技师，他正处中年。虽然他热爱现在的本职工作，但是他觉得自己的职业还有更多的上升空间。在他妻子的帮助下，他起草了一份文件，里面详细介绍了为什么我们应该考虑将他提升为他们庞大的技工组的组长。他的理由包括他工作年限长，年龄很合适，而且工地上的任何一种机器他都会修理。

他阐述完毕后，我问他，“你下班回到家，觉得那天过得很棒，那么那天你做了什么呢？”他回答说，他最棒的一天就是满身油腻，为一个复杂的机械问题找到了一个充满创意的解决方法。然后我问他，“有一天，你回到家觉得筋疲力尽，身心俱疲，那么那一天又发生了什么呢？”他回答说，让他身心俱疲的一天，就是需要他和客户打交道，处理和同事之间的人际关系。

他妻子（或者他）希望获得的职位恰好组成了他最糟糕的一天。如果将他提拔到领导职位，这对公司和他自己都没有好处。

现在，他在原职位干得很棒，每天感到精力充沛，事业也蒸蒸日上。

9. 丰富的成功经历

这一点是优秀员工身上最明显的标志。年轻时候，我们都会尝试做一些不同的事情，四处闯荡，直到最后在这个世界上找到正确的定位。一路上我们可能会遭遇挫折，跌倒受伤。有时候，我们的简历中会出现一段空白，或是一段不成功的经历。例如，学生生活通常短暂而不稳定，所以学生的简历有可能包含多次跳槽经历。

对于很多公司而言，经济不景气正好是裁掉非优秀员工的良机。销售低迷时期，如果要裁员，第一个被裁掉的总是非优秀员工。而优秀员工不会经常陷入被解雇或“重组”的状态，也不会经常因为无法克服困难、取得成功，而陷入不得不自动离职的境地。

虽然这可能会发生在任何人的身上，甚至优秀员工也不能幸免，但是如果他的简历显示的都是这种负面特征，你应当警惕。大多数情况下，优秀员工在任何地方都是胜利者，甚至在他还没有投递简历之前，或者开始寻找下一份工作之前，他就已经是大家争相聘用的对象。如果你够出色，身边的人会留意到这一点。大家都想把你从当前的公司挖过来，让你为他们公司工作。

10. 受到同事的尊重

优秀员工总是坦坦荡荡，展现出真实的自我。他们言行一致，不会因为不同的地点，面对不同的人，而带上不同的面具。

欺骗平辈同事，这其实很难；蒙骗直接领导，这基本不可能。蒙骗老板，这种举动其实很幼稚。任何行业都存在着这种伎俩，而且无时无刻不在发生。每个人都想从老板身上获得某些东西，所以非优秀员工可能会耍心机，在老板身边花言巧语。但是，优秀员工不愿阿谀奉承、蒙骗他人。正因为如此，他们才会赢得同事的尊重。

我曾经有一个很棒的团队，但是老板在飞机上偶遇了一个人，然后将他强行插入我们的团队。过了几天，同事下属都讨厌他，也没人尊重他。可是他最大的核心优势就是对老板溜须拍马、巧言令色，所以他还是留在了公司。

有一次在管理会议上，他突然当众给老板献上了一个奖杯。奖杯有 3 尺多高，顶端是一个带有翅膀的女人，高高举起手臂，做出胜利的手势。奖杯的底部刻有老板的名字和“最具价值球员”的头衔。接着他开始发表演讲，歌颂老板多么优秀，言辞铮铮地说道，如果他留任公司，能给公司带来多少真的以及他想象出来的好处。在这次令人匪夷所思的事件中，最疯狂的是老板竟然相信了他。老板滔滔不绝地说终于找到一个完全懂行的人！后来因为普通员工的抱怨声实在太大，让老板没办法置之不理，这个喜欢拍马屁的人最终还是被解雇了。

行动步骤

1. 将你们团队所有的重要成员列一个清单，然后针对每个人提四个问题，并要求自己诚实作答。

2. 向自己承诺，18 个月内，你对这四个问题的答案都是肯定的。

本章小结

通过四个简单的问题，就可以发现你们团队的成员是否属于优秀员工。

1. 如果重来一次，你还会再雇佣他吗？
2. 他能为你排忧解难吗？
3. 如果他决定辞职，你是什么感受？
4. 如果公司每个人都和他一样，情况会如何？

所有的优秀员工都拥有一些共同的特质：成熟、热情、有干劲、有原则、可靠、积极。而且，优秀的人喜欢和优秀的人在一起，他们无论放在哪里都能发展得很好。他们拥有丰富的成功经历，并且能够赢得同事的尊重。

第三章
态度：对团队进行正向领导

一群家伙脱下外套，解下领带，在汽车宾馆待上三天，在一张纸上写下一堆乱七八糟的文字，然后又恢复如常。

——约翰·洛克

曾任通用汽车公司的经理

公司的核心人物往往对公司的文化有着清晰的认识，他们甚至还可能是公司文化的制定者。所以这些元老级员工并不需要将公司的文化转化成文字，用来指导工作。但是，随着公司的规模日益扩大，团队加入了新鲜血液，我们就需要将公司的文化进行清晰地界定，因为新员工并不了解公司的独特文化。他们需要有人告诉他们“在这里大家是如何行事的”。

公司员工究竟应该了解哪些行为准则，有多种不同的定义，包括核心价值观、工作准则、公司的规章制度、共同的价值观、公司的核心观念等。使用哪种定义并不重要，我们也无须纠结。重点在于如何找到我们优秀员工身上的这些行为特征。在这本书里，我们使用“正确的态度标准”这一个术语，但是你可以根据自己的需要，使用其他的说法。

我们把公司的“态度标准”想象成，将一块石头投进平静的池塘后所产生的涟漪，刚开始的几个波形涟漪还清晰可见，但是第十圈的涟漪就开始模糊不清了，到了第二十圈，基本就看不见了。这种涟漪效应就是我们要为新入职员工清晰地界定正确的工作态度的原因。因为第一块石头投进湖面的时候，第一次涟漪产生的时候，这些新人并不在场。

将正确的工作态度行文成稿，让每个人都清楚地了解公司的文化，这很重要。因为是否拥有这些态度决定了这名员工能否适应这家公司。“嘿！”你大叫，“这完全是主观判断！这一点也不公平！重要的应该是能否完成工作，而不是遵循某些主观的态度标准！”

如果我们都是机器人，那么这个批评很公正，我们应该用一套完全客观的标准来衡量员工。但是，在人的世界里，如果一名雇员态度不对，那么这个人就不会成功。而且判断某个员工是否缺少正确的工作态度，也并不是像我们想象的那样主观。不管是你，还是团队的每个人，都很容易快速地察觉到谁的工作态度不对。

我们的亲身经历告诉了我们这一点，而且确凿的数据也证实了这一点。领袖智商（Leadership IQ）是一家全球领导者的培训和研究公司，他们研究了 312 家公立机构、私有企业、商业机构和医疗机构最新聘用的 5247 名员工。调查期间，这些机构共雇用了 20 万名员工。研究结果显示，46% 的新进员工在进入公司的 18 个月内不成功，其中有 89% 都是因为缺乏正确的态度，只有 11% 是因为缺乏必要的工作技能。

明确工作态度的标准

在当今的职场中，上班就像激流勇进，而不是在平静的湖泊泛舟。湖泊泛舟时，大家可以有序地坐在小舟里，秩序井然、团结一心、步调统一地向前划行。舵手在后面喊口号，前面的人认真听着，精准地按照指令做动作，没人违抗命令。

在过去，这是理想的公司文化最完美的境界。在20世纪80年代，公司主管们读到日本的二十年规划时都喜极而泣。规划里预测了一切未来可能发生的变化，就像在跳一支商业芭蕾，表演团里的每个成员都按照要求进行表演。因此，日本的经济进入了25年的螺旋上升期，然后经济大师们也开始反思。

但是，激流勇进却完全不同。有时候，小舟可能急剧倾斜，冰冷刺骨的河水劈头盖脸地浇了大家一身。有时候，小舟会突然向右转舵，将那个倒霉的乘客翻入水里。船上的每个人为了保命都死死抓牢舟身。这种情况下，大声喊口令根本行不通，而且就算你喊口令，也没人听得清。

现代的工作环境就像激流勇进，一切变化都太突然。现在的社会就如汹涌的激流，商业发展的步伐太过迅速。每个人上船之前就应该了解规则，这样，在迷茫的时候，大家都知道应如何自主处理。有一个历史典故证明了这一理念：

在1805年，英军独自与西班牙和法国的联盟军队作战，也就是后世著名的特拉法尔加海战。那时候，英国拥有的军舰数量更少，军事装备也更差。但是当时的英国海军统帅霍雷肖·纳尔逊突破传统的战略原则，在战斗中发挥独立自主和积极主动的精神，打造了一支“雷霆之师”。

西班牙和法国联盟军队打造的是“一切服从”的文化。舰长只有收到开始作战的命令之后，才能开始作战。而且，无论在任何情况下，他都必须听从“无所不知”的统帅发出的旗语指令。但是，纳尔逊打造的是“互相尊重，互敬互爱”的文化。虽然战前他精心策划战术，但是他明白两军交战以后，一切都会发生改变，所以他对自己的士兵这样说：“狭路相逢，舰长可以自行决定如何领军打仗。”他鼓励舰长在战斗中发挥独立自主的精神。

那场战争打得是硝烟四起，炮声雷动，满眼都是血腥，死伤无数。法国和西班牙联盟军被打蒙了，几乎看不清在遥远的旗杆上飘扬的旗子发出的是什么指令。但是英军却将这种混战化为自己的优势。战争结束后，西班牙和法国联盟军的所有军舰都被烧毁、打沉或摧毁，而英国战舰无一损失。这一战奠定了英国后来100年的海上霸主地位，也使纳尔逊名垂青史。现在在伦敦中心特拉法尔加广场上还立有纳尔逊纪念碑，四周环绕着四只狮子雕像，是用缴获的敌军枪支融化的金属所铸。

如果每位队员都拥有正确的工作态度，每个人都朝着同一个方向前行，那么你的团队无论在何种行业，无论何时何地，都将战无不胜。

找到正确的工作态度标准

第一步，清楚地定义哪些是你们公司所需要的重要态度。根据公司的不同，工作态度也不同。显然，一家提供心理咨询服务的公司和一家生产机器的工厂不一样，与会计事务所也有所不同。如何找到符合公司标准的工作态度呢？以下是几条简单的建议：

列举公司最优秀员工的特质

想象一名真实存在的员工。他身上拥有什么特质，会让他的表现受到你和其他所有人的拥戴，让他与众不同呢？是因为他干净整洁，还是因为他和其他同事和睦的相处方式？或者是由于他突出的工作量、对工作充满激情，还是因为他做事总是准确无误、滴水不漏？将这些特质列一个清单，并尽可能具体地进行描述。

然后再问一下自己，这个人身上令人喜爱的特质是否能在公司普及推广？这是不是公司许多甚至所有的优秀员工都拥有的态度？如果是这样的话，那么我们已经找到了一个正确的态度标准。

如果你很喜欢这些优秀员工的行为表现，这说明他们身上都有某种你内心深处认为很重要的价值观。那么观察他们的行为，就可以为你提供有价值的线索，帮助你找到公司员工所必须具备的重要态度。

思索会让你感到愤怒的行为

当员工的行为与哪一条工作态度背道而驰时，会让你感到特别生气？回顾一下，过去半年里，你在工作中大发雷霆是什么时候？你感到愤怒是因为员工践踏了哪一条正确的工作态度？如果是这样，那么你的怒火将为你提供重要的线索，可以帮助你找到适合公司的工作态度。

这个方法起源于一个夏日炎热的下午。我当时正和一家发展良好的公司的管理层开会讨论，寻找该公司的“正确态度标准”。我们已经确定了一两条，但是总感觉缺了点什么，尽管我们也说不清楚到底缺的是什么。随着时间的流逝，大家的热情慢慢熄灭了。我在绝望之下，转向其中一个与会者，问道：“上次你真正生气是什么时候？”

她不假思索地回答，上次她因为某个领导处理报告的态度而和他闹翻了。“他丝毫不懂得尊重，我绝不允许我的公司出现这种行为！”她大声地宣告。她的反应真实直接，激情澎湃，顿时点亮了全场。“尊重一切”成了他们最后的一条正确态度。

在和我合作过的客户中，有些人听到顾客受到冷漠对待时，会感到特别愤怒；有些客户会因为低劣的产品质量而感到愤怒；有些则在观察到员工对工作毫无激情时，会怒火中烧。他们愤怒的原因正代表了他们公司所需要的工作态度。

发掘公司里现行的正确态度

正确态度不是凭空捏造的而是应该体现在公司的日常行为中。它们就是公司文化独一无二的地方。它们不应该遥不可及，而应该是真实存在的。发掘这些态度无需太多功夫，因为从员工平时的行为就能体现出来。

但是，在一般情况下，公司官方的工作态度并不是这样。官方的工作态度往往是某个高层领导受到最流行的管理思潮影响，与董事会讨论、拼凑出来的。它们一般冗长空洞，毫无执行力。

我曾亲身感受过这些官方的工作态度在公司里发挥的所谓作用。几年前，我作为伴郎参加一个好朋友的婚礼。作为答谢，新郎送给我一只手表，上面还刻有这家闻名遐迩的零售商的名字。但是不到一个月，这表就停了。当我将表拿到商店的时候，那位售货员冷淡地看了我一眼，然后用最令人光火的口吻说道，“是呀，很多人的这个表都坏了，但是我们不退货。”针对这个不退货的逻辑是否合理，我们毫无意义地争论了几分钟。这时候，他头顶上的一块公司牌匾吸引了我的注意，上面写道，“我们的宗旨：致力于提供最好的质量、价值、服务和承诺，以赢得你的尊重。”

哇，好高尚呀，我眼泪几乎都要流出来了。我让我的朋友看了看这个标语，然后对那位店员说道：“我不得不跟你说，我此刻正在感受到的质量、价值、服务和承诺，丝毫不能赢得我的尊重。”

这个售货员眼都不眨一下，就给了我一个“顾客真傻”的表情，反驳道：“那只是一个牌子！”

像这样高高挂在墙上的官方口号，我们看过太多。它们本来就无关痛痒，目的就是让每个人都开心，所以没有任何的执行力。它们所宣扬的价值本身很好，没有问题。但是它们和实际没有任何关系。我们可以将这些官方口号挂在我们的任何一个竞争对手的会议室里，也没人会觉得有任何不妥。它们仿若摆放在那里的香草，形同虚设。

大家都知道裱起来的这个口号，和实际生活其实没有任何联系。所以人们根本不在乎墙上写的什么口号，大家在乎的是墙内发生了什么事情。

但是，正确的态度是不一样的，它们具体、简短、易记，并且有执行力。它们应成为公司人力资源部最强有力的工具之一。它们应该作为公司招聘、雇佣、评估、奖励，以及惩罚决定的重要基础。

这些态度标准将会受到优秀员工的欢迎，因为他们的好行为将会得到奖励。同时这也会帮助非优秀员工进步，因为不好的行为将会受到惩罚。简而言之，这些态度将成为大家都需遵循的准绳和衡量对错的标准，无论你是 CEO，还是刚进公司的最底层员工。

如果你去采访公司最优秀的员工，问他们公司最重要的价值是什么，他们可能会讲到一些公司里本来就践行的态度，正是这些态度形成了公司的独特文化。每一天，这些正确的态度都真实存在，但是需要我们去发掘，问问自己，“到底是什么让我们能够一直保持胜利？”

解析被违背的态度标准

我们可以把一名适合公司的员工比作是拥有“能力”、“性格”和“化学反应”三条腿的凳子。这三个因素都很重要。但是如果这个员工不适合你们公司，最主要的一条原因可能就是“化学反应”，也就是“正确态度”的另一种说法。

回想一下去年或前两年你解聘的员工。他是因为犯了什么错而被解雇？是因为能力的问题还是性格的问题？或者是其他什么原因？

如果你和某个人很“合拍”，他很“明事理”。他拥有和你一样的理念，他拥有和你以及你的团队一样的价值观，一切都很合拍。

一般情况下，工作技能还可以教，但是工作态度却很难教，因为态度代表了人们内心深处的信念。所以，更重要的一点是：聘用和你态度理念相同的人；而不是聘用员工后，再试图向他传授你的信念。某种程度上来说，年轻人的态度还可能再塑造，但是如果一个人年岁稍长，那么通常他们的价值观就早已定型。

想想你去年或者前两年解聘的员工，这可以帮助你找到公司所需的正确态度。如果你解聘了一名不适合公司的员工，但是却具体说不出他违背了公司的哪一条态度，那么你可能需要重新回到黑板上，看看哪条正确态度还没有被发掘到。

我们还可以从另一个角度来思考这个问题。问一下自己，“如果一个人经常违背公司的态度标准，那么我们应不应该因为这个原因而解雇他？”这个问题很关键，因为这将督促你进行思考，对你而言，到底什么态度真的非常重要，公司文化的哪一个部分是你一定要捍卫的？哪一部分的公司文化对你而言其实并没有那么重要？

如果为了捍卫这一原则，你愿意解聘员工，那么这对你真的很重要。如果不是，那么这个态度对你而言并不是取得成功的关键。

对于多次违背这种“软能力”的员工，你愿意因此而将其解雇。做到这一点，正确的态度就不再是没有意义的空话，而会变成人们相信、倡导以及努力践行的理念。

可以延续的正确态度

重要的态度标准不会随着时间改变而改变。策略会改变，产品、服务、顾客基础会发生改变，但是正确态度不会变。所以，我们需要花时间来进行筛选。

一旦我们确定了正确的态度标准，先用铅笔写在纸上。实施了半年或一年以后，我们就会知道它们是否属于核心的价值观。当初写下来的时候觉得是核心态度，现在深度思考后，可能觉得并没有那么重要。而且有些态度像是某个抄袭的版本。将公司的“态度标准”进行筛选，这需要时间。如果贯彻落实几个月后，大家都同意这就是正确的“态度标准”，那么将它们刻在石头上，并让领导们以身作则。因为，公司的文化，最重要的莫过于领导能时时刻刻说到做到，身先力行。

怎样让公司的态度标准传递下来

有一次，我和一个客户公司提议，让他们发掘正确的态度标准。这遭到了领导层的一致反对，因为他们已经做过这种类似的发掘核心价值的练习；事实上，他们已经找到了 10 条核心价值，还漂亮地裱起来，挂在我们讨论的会议室的墙上。于是，我心平气和地走向这个裱好的声明，迅速地将它取下，背对着墙壁放着。然后，我转向管理团队，问他们谁能够背出这些核心价值。

房间里鸦雀无声。

这种沉默让房间的气氛变得有点沉重。接着，有个人记起来有一条是“环境的捍卫者”。然后又停顿了很久，另外一个人记起来其中有一条是“回报社会”。接下来又是长时间的沉默。最后，公司的高层领导们相互对视了一下，费了好长时间才想起来10条核心价值中最重要的一条。

我相信，这些都是他们坚信不疑的核心价值观，只不过他们一条也不记得了！于是，哈哈大笑以后，大家开始重新打造公司的价值声明，使它们变得更切实可行，更容易被记住。

如果你已经毋庸置疑地，成功找到了公司所需的重要态度，但却发现员工记不住。那么这个态度是不会起作用的。

检验正确的态度是否容易被员工记住并落实执行，最简单的方法就是：对公司里最年轻的、最新雇佣的员工讲一遍，检测他们能否记住。

不用担心语法是否完美，我们并不需要某个商业课教授打分。确保语法百分之百正确并不是我们的目标，反而，追求语法完美还可能增大记忆的难度。我们应该力求让这些态度变得更简单，更容易让每个人都记住。以下5条原则阐述了一些有用的技巧：

记住“三条原则”

大脑的注意力一次只能关注3件事情。如果有4条、5条，甚至12条之多，清晰就变成模糊。如果我们想要在日常工作中落实这些态度标准，那么首先它们需要简单易记。所以不要超过三条，比如职业操守、团队精神和员工每天上班的精神面貌。

托马斯·杰斐逊在撰写“独立宣言”的时候就采用了“三条原则”：“生命、自由和追求幸福的权利”。这成了美国，乃至人类历史上最重要的三个词语。美国空军教导士兵，如果被俘虏，如何活下去，也需遵循三条定律：亲近其他俘虏；顽强活下来；最后荣回故里。乔布斯在苹果公司的每场演讲几乎都使用了“三条原则”，比如，他宣称 IPAD2 将比上一款“更薄、更轻、更快”。电影院和餐馆做生意时也是基于“三条原则”，我们可以选择“小份、中份、大份”。“三条原则”在生活中可谓无处不在。

尝试使用缩略语

使用缩略语，使公司的正确态度更容易被记住。比如，我们可以将公司的名字作为公司文化的缩略语。一旦确定了公司的核心价值，我们可以寻求一种方法，将它变成某个单词的缩写，从而便于大家记住。打个比方，CREW 营销合作公司的核心价值观的缩写就是他们公司的名字（性格 Character，关系 Relationships，执行 Execution，棒极了 Wow）。

确定公司的正确态度，内容比形式更为重要，所以你要避免使用一个貌似恰当的流行语。

尝试使用压头韵

将每条核心价值观的首字母押韵，虽然这种方法不能确保大家一下子就能记住，但是尝试一下也无害处。

我有一个客户是做连锁餐馆生意的。为了让企业的正确态度容易被大家记住，或者说过目不忘，他做了很多努力。最后，他选定了三个词语：共赢（win）、共洗（wash）、共喜（wow）。

“共赢”指的是群策群力、共同胜利。如果这条态度标准在某家分店行之有效，但是却不适合总店，那么它也不能成为公司的正确态度。如果管理层很满意，但是员工却不开心，那么就需要推翻重来。

“共洗”是“人再贵重，也需弯腰打扫厕所”的简短说法。即每天餐馆打烊后，无论职位高低，每个人都要帮助打扫餐馆直到工作结束。经理可能要洗盘子或者刷厕所，服务生可能要清洁油腻的灶台。这将有助于打造一种人人平等、团结合作的文化。

“共喜”指的是确保每位顾客在餐馆的体验都达到“一级棒”。这包括环境要做到干净整洁、员工要做到专业友善、食物要色香味俱全。

最棒的是，每个新员工只听一遍，就记住了“共赢、共洗、共喜”这条标准。这真的是过目不忘。

使用俗语谚语

使用商界常用的说法，这真的是一种传递公司价值观的好方法。既然这些用法已经耳熟能详，这就说明它们传递了一些很重要的内容。比如，“脚踏实地，开源节流”（get'er done, watch the pennies），“不要被一些术语弄傻了”(don't let the rules make you stupid)这些俗语里面所表达的意思通俗易懂。如果它正好反映了你们公司的核心价值观，那就拿去用吧。

在本章末，我将会列举在一些企业真实使用的态度标准。其中有很多都是业界耳熟能详的用法。参考这些真实的例子，或许能够激发你的一点思考。

讲述公司的传奇故事

讲故事是让正确的态度观能够做到过目不忘的最好方法。与其告诉员工要“遵守诺言”，不如给他讲一个故事，一个人为了坚守诺言而不畏千辛万苦的故事。故事令人难忘；故事能够打动人的情感；故事能够详细解释你希望员工如何行事。理性（墙上高挂的标语）能够说服人，而情感（你讲述的关于态度的故事）则能够激励人。和其他方法相比，一个有感染力的故事更能传递公司的正确态度。

下面这个故事是我在上商业课培训的时候，一名学员告诉我的。想象一下，如果这个故事讲给诺德斯特龙的员工听，对他们会有什么样的感染力：

有一次，我从温哥华开车到西雅图，为参加女儿的婚礼，我专门去诺德斯特龙买了一件西服。诺德斯特龙的客服是出了名的棒。我回到家后，却吃惊地发现，他们给我拿错了裤子。颜色不对，尺寸也不对。我马上打电话给商店，他们说道，“没问题，我们现在立刻派人开车到温哥华，把裤子给你送过去。”几小时后，我和诺德斯特龙的员工坐在我家后院喝柠檬汁。

如果把这个故事讲给诺德斯特龙的新员工听，可以帮助他更好地了解公司至高无上的客服精神。而且，这个故事还带来了额外的好处。正如我的学员在故事结尾说得那样：“更棒的是，对于诺德斯特龙公司来说，这个故事我已经讲了一遍又一遍，这个广告效果绝对让他们物超所值。”

头脑风暴时间

每个企业的态度观都不一样。下面我来列举一些我的客户真实使用的态度标准。你可以挑选三条能够引起你共鸣的，然后将其按需修改，当然，你也可以自创三条。

- 务实。
- 工作有激情。
- 尊重他人。
- 不断进步。
- 有职业精神。
- 以最少的成本，发挥最大的效用。
- 大家取得胜利，而非一人取得胜利。
- 干净整洁。
- 透明公开。
- 承担责任。
- 提升标准。
- 永远积极向上。
- 可靠——做正确的事情，并把事情做正确。
- 遵守黄金规则。
- 共赢的思考方式。
- 客服至高无上。
- 精明投资。
- 关注结果。
- 每个人都需弯下腰打扫厕所。
- 遵守承诺。

- 少说话，多做事。
- 关系第一。
- 你的态度决定你的高度。
- 赞成之家（让客户开心，只要不犯法，不违背道德）
- 照看好每一分钱。
- 让一切都“惊喜无限”。
- 永远做对的事情。
- 成功和挫折，我们共担责任。
- 现在开始行动！
- 老少皆宜的文化。
- 让客户开心！
- 不要闲下来。
- 深思熟虑。
- 把客户关系放在第一位。
- 寻求更好的方法。
- 工作质量一流。
- 努力赚钱，而不是游手好闲。
- 优秀的业绩。
- 信任关系。

对于一家零售店，或一家专业服务公司，或者一家快餐店，他们所需要的态度各不相同。但是将公司文化明确化，有助于让每个员工清楚地了解，哪种行为符合公司的期望值，哪种行为会给他们带来麻烦。

行动步骤

• 召集你的领导团队，一起探讨以前的工作态度标准。

• 选择并 / 或定制三条公司的正确态度。

• 先贯彻实施 6 个月。用讲故事的方式来传递这些态度，并且将它们用作员工面试、奖励或者惩罚的标准。

• 如果你和你的团队都确定这就是公司的正确态度，那么将它们挂在墙上，并“说到做到”。

本章小结

随着公司的规模扩大，我们需要发掘并确定公司的正确态度，贯彻落实到员工的日常工作中；这规定了什么样的行为在公司可行，而什么样的行为在公司不可取。这些态度标准正是你的公司和竞争对手不一样的独特之处。

怎样才能挖掘找到这些态度标准呢？

• 列举公司里最优秀员工身上的特质。

• 思索什么样的行为会让你感到愤怒。哪些态度标准被违背时，你会怒火中烧？

• 发掘公司里现行的正确态度。我们寻找的是可落实的价值观，而不是凭空捏造的口号。

• 回顾一下，在公司干不好的员工。他们因为违背了哪条态度而被解雇？

• 一个世纪过后，你希望公司有什么样的正确态度得以延续？怎样让公司的态度标准传递下来？

• 遵循“三条原则”。人们的注意力一次不能超过三件事，所以数量限制在三条以内。

• 考虑使用缩略语。用每条正确态度的首字母拼出一个单词。

• 尝试使用压头韵。让每条正确态度的首字母相同。

• 使用俗语。使用通俗易懂的常用说法。

• 讲述公司的传奇故事。想一个最能代表公司态度的故事，然后一遍又一遍的反复宣扬。

• 从本章提供的清单中，选择并 / 或定制三条公司的态度标准。

第四章
选择：你的团队需要合适的员工

机构里最难做的决定就是关于人的决定——雇佣、解雇、升职等。这些决定最不为人关注，而且最难纠正。

——彼得·德鲁克

现代管理之父、管理咨询师、教育学家和作家作为领导者，最重要的工作之一就是，为公司的重要职位找到合适的人才。我们必须谨防草率地做出聘用决定，因为事关重要职位，如果决策有误，那么代价将是惨重的。我们需要的是最合适的员工，而不仅仅是还不错的员工。如果你不确定，那么你就需要放弃这个人选。

做出聘用决策的时候，我们需要克制，这个道理大家都明白。但是我们应该如何对待已经雇佣的员工呢？事实上，大多数的领导者不愿意实事求是，也不愿意对自己的团队做出诚实的评价。这个任务很艰巨，因为它主观性很强，而且涉及的因素常常和实际工作无关。

在《从优秀到卓越》这本书中的里程碑调查中，连续 15 年来，一家卓越公司的累积收益率至少是业界平均水平（包括他们的竞争对手）的 3 倍。作者吉姆•柯林斯发现，每家公司从优秀跨越到卓越，在其发展过程中都经历了 6 个步骤。

每个案例中，前两个步骤都是为公司网罗一批卓越的人才。第一步，找到“第五级经理人”（兼备谦逊和野心的领导者）；第二步，

“让正确的人上车，让错误的人下车。”

显而易见，吸引并留住优秀员工至关重要。但是大家经常忘记同样重要的一点是：我们需要识别不合格的员工，并要求他们对自己的工作结果负责。如果他们不能或者不愿意这样做，那么公司就应采取措施严肃处理。话虽这样说，但是对于许多领导者而言，要求员工承担责任就像吃毒药一样，非常难。为什么这件事难度这么大呢？我们到底应该怎么做呢？

对低绩效的员工心慈手软的原因

在很多公司，大家觉得不称职的员工，尤其那些在公司干了很久的员工可以高枕无忧。其中，碍于人情是对低绩效的员工不采取措施的最主要的原因。

我从客户那里听说过的最常用的理由包括：

• “她在公司已经干了 20 多年。虽然她表现不佳，但是我们已经变成了好朋友，我们分享太多的生活，我怎么忍心让她现在走人？”

• “他业绩不行，将来可能业绩还是不行。但是至少他早上能来上班，有他在总比一个人都没有强。”

• “如果我们解聘她，我们负担不起律师费和遣散费。”

• “我们这么忙，不可能空出时间来找其他人替换他。”

• “她在公司干了这么长时间，虽然她表现不佳，但是作为‘历史家’和‘公司价值观的守卫者’，她还是发挥着很重要的作用。”

• “当然，他的工作能力不强，但是我们的小孩在一起踢足球，我们是邻居。”

• “不好意思，我真的没法和一个需要养三个小孩的单亲妈妈进行这个残忍的谈话。”

• “如果我解聘他，我想他可能会自杀，因为他绝对找不到下一份工作。”

• “我们公司文化和书本中说的不一样。如果对表现不佳的员工下手，这将会摧毁我们公司的家庭氛围。”

以上就是我了解到的一些领导者们不愿意采取措施的真实原因。尽管解聘并不是最终答案，但是我们仍需要做一些事情，来激励、惩戒或者换掉表现不佳的员工。不然，这将会给我们所有的队员带来严重的问题。解决好这些问题，我们才能够继续前行。

借口背后的错误观念

让我们一起来看一看，领导者心慈手软背后的三种最常见的假设：

员工表现不佳，当面和他们对峙不“友好”

大多数的领导选择对非优秀员工不作为，因为他们真的相信这样做不好。但是对糟糕的工作表现置之不理，真的就是“友善之举”吗？

首先，我们还需要考虑非优秀员工的同事和下属。每天，他们都需要忍受这些差劲的行为，替别人承担更多的工作量，而且得不到应有的机会。因为不堪忍受，他们选择另谋高就。如果我们忽视那些非优秀员工的绩效水平，难道对其他人就公平吗？有时候，非优秀员工让周围人的生活都不好过。因为他们不出力，那么其他人就被迫需要多付出一份努力。非优秀员工让身边人的生活都非常凄惨，所以当他们最终受到处理，其他的员工会感到很开心。

其次，我们还需要考虑一下公司。非优秀员工是糟糕的导师，因为他们会教坏“学徒”。如果他们有招聘的权限，那么他们总会选择雇佣比他们更差更弱的人；因为他们觉得优秀员工太过野心勃勃。非优秀员工吸引到的顾客是低质量的，他们会把高质量的顾客赶跑。因此，非优秀员工使得公司的竞争力整体下降，这样，所有需要依靠公司发展来养家糊口的人就不安全了。所以，对非优秀员工心慈手软绝非“友善之举”。

对非优秀员工置之不理比采取行动更“友善”

现在我们来为非优秀员工们考虑一下。对他们的表现偏差坐视不理，真的就是为他们好吗？相反，忽视他们不合格的工作表现，是你对他们做的最残酷的事情。这种残酷乃无心之举，但是我看过以下的场景无数次地上演。

尽管不合格的员工没有为公司创造太多价值，但是因为他人不错，所以如果公司效益好的话，我们对他糟糕的业绩坐视不理，将这个问题抛到脑后是可以的。但是效益不好的时候，情况就不同了，继续保留这名员工将会超出公司的财政负担。

当我们决定裁员时，首先被解聘的总是非优秀员工。当他听到这个消息时，他觉得生气、怨恨、被人背叛。因为平时他的绩效报告都是满意呀，现在他被公司解雇，但是其他人，可能比他等级还低的人却没有被解聘。最糟糕的是，他已经四五十岁了，让他现在再去改变是一件很困难的事情。所以选择不作为绝非是“友善之举”。

非优秀员工的选择有限

有时候，我们认为如果将非优秀员工解雇，他们就无处可去。但是这样做其实是对他们不负责。你有没有想过，他们在其他的地方可能会成为优秀员工。他们正需要别人推一把，让他们做出改变。下面列出来的是，一些至少被解聘过一次的优秀人物，以及他们当初被解聘的原因：

雇员	解聘原因
斯蒂芬•乔布斯（苹果公司的创始人）	不服管理
比尔•沃特森（《凯文和虎伯》漫画的创作人）	（作为政治卡通家）还不够好
沃特•迪士尼（动漫、主题公园巨头）	缺乏想象力，没有好点子
贝利•奇客（美国国家橄榄球联盟的教练）	（来自克利夫兰•布朗）雇主对他不满意
迈克尔•彭博（纽约市市长）	他自己的公司被卖掉后而被裁员
伯尼•马库斯 （家得宝公司的创始人）	他工作的公司被卖掉后而被解雇
罗琳 （《哈利•波特》作者）	不干秘书该干的正事，工作时间写故事
迈克尔•乔丹 （NBA 球员）	对于魔术队而言，还不够好
罗伯特•雷德福（演员）	（美孚石油公司）懒惰邋遢

续表

雇员	解聘原因
安娜·温图尔（《时尚》杂志主编）	作为一名初级时尚编辑，太过于犀利
李·艾柯卡（克莱斯勒汽车公司的总裁）	和雇主的个性冲突
杰瑞·宋飞（喜剧演员）	（出演《本森》情景喜剧时）无理由被人解雇：当他来现场的时候，发现剧本里他的台词被删完了（然后他就懂了）
奥普拉（电视优秀主持人）	太情绪化，不适合担任电视新闻主持人
猫王（歌手）	大奥普里的经纪人对他说，他应该重操卡车司机的旧业
杜鲁门·卡波特（作家）	（作为《纽约客》的送稿杂工）冒犯了诗人罗伯特·弗罗斯特
马克·库班（小牛队老板，亿万富翁）	早上没能给公司开门
麦当娜（歌手）	在唐肯甜甜圈打工时，将甜甜圈果酱挤到顾客身上
托马斯·爱迪生（发明家）	做和本职工作完全无关的试验时，将酸撒到地板上

有些听起来很疯狂（沃特·迪士尼创意不够——真的吗？）。但是对于年轻人来说，这可能会成为他们重新定位自己的重要时刻。他们可以重新审视自己的优势和劣势，问问自己是否适合现在这份

工作。总而言之，这些时刻很艰难，但是“塞翁失马，焉知非福”。

想象一下，如果麦当娜继续担任唐肯甜甜圈的地区经理，那么还有现在的麦当娜吗？如果美孚石油公司一直容忍罗伯特·雷德福一塌糊涂的体力活，那么还有现在的罗伯特·雷德福吗？如果当年罗琳的上司容忍她糟糕的表现？那么哈利·波特可能只是另一个失败的魔术师。

你可能会这样想：“相信我，我的非优秀员工中，没有谁将来能拿奥斯卡金像奖！”这可能是真的，但是有可能——甚至很有可能，他在你这里或者你公司里无法实现的价值，无法找到的激情，他在别处可以实现。谁知道呢？也许将来某一天，你还可能为他打工呢。

直面落后员工：真实的案例

我早期做培训的时候，遇见一个叫丹的年轻人。他在父亲创立并经营的家庭企业做销售，他正在接受未来接班人的培训，希望有一天能够接管公司。丹那时候（现在也是）意志坚定，专心致志，而且风趣幽默。

当他最终接管了公司，坐上了“大椅子”，他的爸爸给他（和我）如下建议，大概意思是这样的：“丹，我组建这个团队花了35年时间，现在轮到你来打造你的团队。你最重要的工作就是打造属于你自己的团队，将生意带领到新的高度。不管你需要做什么，我都支持。”

所以，我们开始了一段漫长的过程，按照第二章讲述的那五个问题，重新审视公司关键职位的每一位领导者：如果再来一次，我们还会聘用他吗？等等。随着工作的逐步推进，我们变得越来越沮丧，因为一次又一次，我们的答案都是否定的。

这些方法在理论上可行，或者在课堂上很好用，但是你不可能对公司的每个要职进行调整、重新定位，或者采取最后一招：换掉每个重要职位的领导，直到确保所有的领导都是优秀雇员。这样做在实际中是办不到的，你不可能大刀阔斧地进行改革。但是这真的不可能吗？

思虑许久以后，丹决定他想要的正是大刀阔斧地改革。于是，他和公司的每位领导者坐下来，很尊敬地对他们阐述了他的期望。丹召开责任会议，让大家都清楚地了解每个工作的职责要求。如果哪个领导者经常不能完成核心工作任务，那么，丹会心平气和地、坚定地、礼貌地让每个人都负起责任。

一些人憎恨这种新的期望值和透明度，于是他们另谋他就。其他人（公司最优秀的员工）却很喜欢这种新举措，因为这意味着他们的工作效率会更高，而公司能够朝着更辉煌的未来迈进。

这个过程很漫长，但是，丹的执着精神终于得到回报。现在，在他管理的公司里，开放性和生产力都是空前地提升。公司拥有了许多新的优秀员工，而且还留住了许多愿意达到更高业绩标准的老员工。有些人调整了部门，有些人调换了岗位，有些人将自己提升到了更高的水平。

现在我们再来看公司里 20 多名最高级别的领导，每一位都是优秀员工。当丹完成了对公司的结构调整，公司的生意开始飞速地发展壮大。

如今，公司的规模已经发展到他刚接管时的 5 倍。随着 3 名重要队员的加入，公司发生了大幅度的变革。这些优秀成员给公司带来了不仅是新的工作态度和新的点子，而且还为公司的各个层面带来了新的高标准。

现在你的公司是处于什么状态呢？你是不是也拘于不尽如人意的现状，如履薄冰呢？还是你公司里的最高级别的领导者为大家树立了榜样？如果重来一次，你还是会选择他们当中的每一个人？激励员工最主要的方法其实很简单：让领导给员工做出表率，树立榜样。

行动步骤

• 像冰球队教练那样，按照从高到低的分数，为自己目前的团队打分。

• 清楚地了解企业里表现最好和表现最差的员工分别是谁。

• 不愿意对落后员工采取措施，通常的原因是觉得这样做不友好，我们应该改变这种观念。

本章小结

一家公司从优秀跨越到卓越，第一步是：找到合适的人选，并将他们放到合适的位置上。虽然我们明白雇佣时需要小心谨慎，但是如何带好当前的团队又另当别论。大多数的领导者评估自己的团队时，做不到实事求是，不愿对落后员工采取措施。其主要原因是他们想做个好人。但是容忍表现不佳的员工对谁都无益处，比如：

• 对落后员工的同事们而言。他们需要为落后员工承担额外的工作量，这并不是令人开心的事情。而且，落后员工是糟糕的导师，劣驱良，落后的员工会赶跑公司的优质客户和员工。

• 对公司而言。落后员工会降低公司的竞争力和利润率，让你的公司处于危险地位（所有的优秀员工被迫失去更多的机会）。

• 对落后员工而言。在你的公司，他可能是一名落后员工。但是让他离开公司，对他可能是一个机会，让他可以找到一个更适合自己、可以实现自我的地方。许多落后员工一直拖着，直至情势所逼不得不离开，但是那时他们已经到了四五十岁，已经不适合再做任何改变。

第五章
高效：利用有效的绩效评估

棒球队员可以分成三种类型：努力获取成功的人，旁观别人成功的人，还有在想什么时候可以成功的人。

——汤米·拉索

前 MLB 球员，洛杉矶道奇棒球队经理

我曾经对许多领导者说过类似的话："一个小时以后，我们将会清楚地明白将要做什么，从根源上解决公司 90% 的人力问题。我们将会为公司的每位成员制定切实可行的职业发展规划。我们将踏上征途，实现'零人事问题'。一个小时就能实现这个目标。"

无可避免，大家的反应各不相同。有些人持怀疑的态度；有些人满怀希望；有些人半信半疑，他们在想：那些最落后的员工最擅长逃避"责任制度"的"套索"，一旦这个"项目"结束，他们又可以重新变回过去那个"悠闲的先生"，或者"操场上的小恶霸"，甚至是"有毒的混蛋"，生活照常如旧。

但是，我向你们保证，我的开场白并没有夸大其词。这就是消除 90% 的人力问题需要迈出的第一步。我深信这一点，因为这个方法在许多机构，无论是盈利还是非盈利机构，都被证实行之有效。

星图绩效表

星图绩效表可以把主观臆断、含糊不清的人力问题，转变成更客观、更清楚的指标。当然，用四象限评估员工并不是什么新做法，这也不是我发明的。实际上，类似这样的工具已经被使用了多年——因为它们真的很有效！

星图绩效表是个令人难以置信的工具，它改变了我们带领团队以及发展团队的观念。我们应当记住重要的一点：星图绩效表衡量的并不是一个人的价值，它仅仅评估一个人在当前岗位的有效性。星图绩效表并不能判断一个人是好人还是坏人。也许她是一个非常顾家的、善良的人，是一位好妈妈、敬业的足球教练、体贴的朋友等等。但是我们评估的并不是这个人本身；我们只是评估该员工是否适合在公司发展，以及在当前岗位的效率如何。

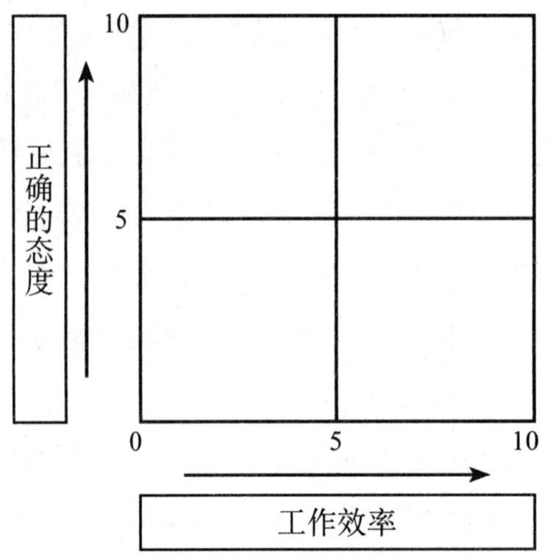

如何用星图绩效表进行评估

依据每位重要员工在当前岗位的表现，将他们都放在同一张星图绩效表上，依次进行评估。评估人数可能会高达 50 个人，所以你可以使用不同的颜色、首字母，或者用一张大一点的纸，字写小一点。

纵轴（正确的态度）指的是员工对公司的贡献中更“软性”且更主观的指标——和他相处如何？他是否体现公司的正确工作态度？横轴（工作效率）用来评估更客观的指标，即员工的业绩。

纵轴：正确的态度

现在，我们将第三章确定的正确态度运用到实践中，作为考核每位员工表现的标准。我们可以评估员工的行为表现是否体现了作为公司核心文化的那些工作态度。

首先我们按照10分制，从1分到10分，来评估他在某个工作日，或者某个工作周，是否很好地体现了公司的正确态度。纵轴上获得1分的人（因此将他放在最底端）表现出的工作态度最糟糕，获得10分的员工（因此将他放在最上端）表现出的工作态度最好，他几乎很少犯错或者根本不犯错。获得5分的人放在中间区域：一半的时间里，他能够体现公司的正确态度，或者体现了部分的正确态度；但是另一半的时间里，他未能体现公司的正确态度。

有些员工工作态度时好时坏，波动很大。这是什么原因造成的呢？比如，从周一下午到周三，这名员工的表现堪称典范（符合90%到95%的态度标准），周四的表现尚可接受（大概符合75%），但是从周五到周一中午，他的表现简直就是噩梦（仅为30%到45%）。

我们换一个场景来考虑，如果这个人是你的球员，你觉得他的表现如何：前两场比赛，他充满干劲。接下来两场比赛，他表现尚可，最后一场比赛，他的表现却是一塌糊涂？这个比赛记录足以让他成为优秀球员吗？可能不行。因为表现始终如一也很重要，所以我们用星图绩效表进行评估时，还需要考虑员工的整体表现。

评估完员工的工作态度后，将评估成绩标在纵轴上。

横轴：工作效率

横轴衡量的是员工在目前岗位的效率，用来评估某一天或者某一周，员工在当前岗位上的业绩情况。

同样，按照十分制，在横轴“工作效率”上评分。切记：我们并不评估这个人本身的价值，我们只是评估在目前的工作岗位上，员工的工作效率如何。我们只关注工作表现。

评分结束以后，我们将纵轴和横轴的评估结果结合在一起，看看这名员工现在处于哪一个区域。

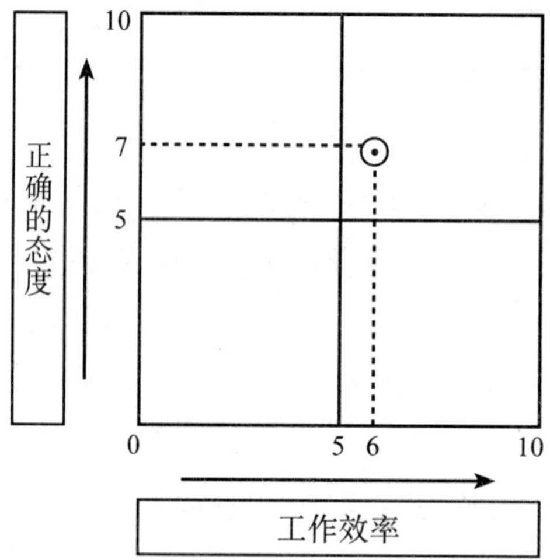

解释四个象限

最后，为四个象限命名。从右上格开始，逆时针转：A 象限代表优秀员工；B 象限：潜在优秀员工；C 象限：不适合的员工；D

象限：效率高但态度差的员工。从第八章到第十章，我将为每个等级的员工制定详尽的人事计划。但是，现在我们只需将他们分类。

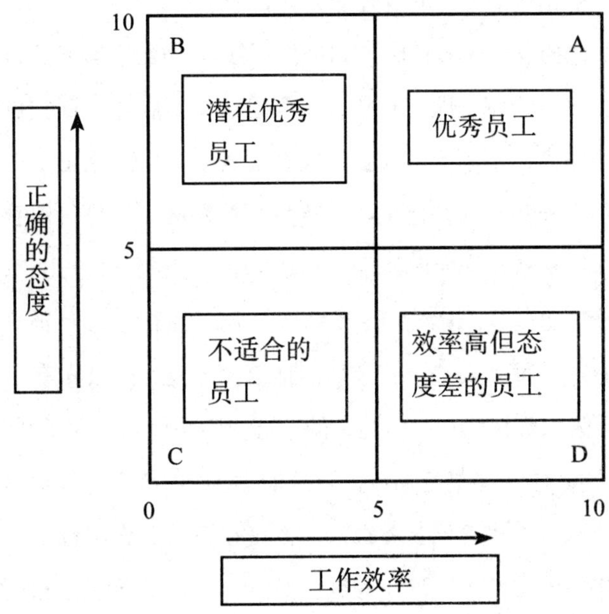

有时候，我们想给一名员工打 5 分（正好卡在两个象限中间）。那么，请遵循以下原则：得分刚是 5 分的员工自动降到 4 分（因此进入“更低”的象限或者更低的一个级别）。换句话说，如果在横轴上，一名员工得分为 5 分，处于优秀员工和潜在优秀员工之间，那么评估等级直接降一级。这样做的目的就是为了使评估结果更清楚。通常打 5 分是一种逃避的做法，这样我们就不必采取任何措施。

接下来，重复以上步骤，直到将每位员工的评估结果都清楚地标在星图绩效表上。

星图绩效表能否评估晋升能力

还有一点需要讲明，星图绩效表评估的是员工在当前岗位的有效性，并不能评估员工的晋升能力。

比如你拥有一家零售店，你需要一名迎宾员给顾客发放购物车，并面带微笑地给每位顾客打招呼。假设这名新雇佣的迎宾员拥有出色的工作态度，下雨天，他会给顾客发放干毛巾。这正是一位优秀员工呀！未来某一天，他可能会有更大地发展，但是目前看来，他做的工作只是刚好符合你公司的需要，而且他做得非常出色。

又过了几个月，这名新员工赢得了所有人的喜爱。他鼓舞人心，乐观开朗，对每个人都说着亲切的话语。于是，当公司有一个出纳的空缺，大家都认为他是最适合的人选，因为他人缘非常好。

但是很显然，他缺乏必要的计算能力。他的柜台总是对不上账，他不停地犯错。尽管他态度很好，但是在新的工作岗位上，他降到了“潜在的优秀员工”那一等级。而且，或许他自己也意识到自己的工作表现不佳，所以他的态度也受到了影响。于是，他成了“不适合的员工”。虽然作为一名迎宾员，他是一名优秀员工，但是他并不具备晋升到出纳员的能力。

面对星图绩效表的反应

在高中，什么样的人喜欢成绩单？答案很简单。那些相信自己能得高分的学生。那么谁会讨厌成绩单呢？那些认为自己得分很低的学生。

谁喜欢运动队的选拔赛？那些努力训练，相信自己最优秀的球员。谁讨厌选拔赛呢？那些觉得自己可能会被淘汰的球员。

这并不是什么新观念，或者是什么离经叛道的观念。绩效期望值一直伴随着我们的生活，但是进入职场后，我们却将这个标准摒弃。其实职场中我们所做的贡献才最为重要。

优秀员工会喜欢这个过程，因为他们对公司做出的贡献终于得到正式的认可，他们开始变得更愉悦，更富创造力。

刚开始的时候，潜在的优秀员工可能会被吓倒。但是，因为他们的态度是端正的，他们真的希望公司和自己变得更好更强。很快，他们就会加入进来，获得必要的培训和指导，或者调整他们的岗位，这样他们也会晋升到“优秀员工”这一等级。

很快，公司的每个人都应该让成为优秀员工这一现实成为生活的一部分。无可争议。每个人都接受了这个现实。在任何一家公司工作，我们都须全力以赴、态度正确，难道不是吗？当然是！难道每个进入职场的人不都是这样想的吗？

在星图绩效表中，落在下一半区域的员工可能会憎恶这个过程，因为这需要他们下决心改变过去的工作方式。实际上，他们可能会表现出强烈的抵触情绪。他们会故意在同事面前诋毁它，甚至在刚开始的时候拒绝参与。

在实施星图绩效表的过程中，我们需要一颗坚定的心。德国的哲学家叔本华在 19 世纪创立了“真理的三个阶段”。他相信每个真理都要经历三个阶段：首先，遭到嘲笑；第二步，遭到强烈地反对；第三步，当作显而易见的事实，被接受。当你开始实施星图绩效表，你会发现情况也是如此。

我们想一想，如果公司实施这个新计划或任何其他的新计划，是谁在抵抗或者抱怨呢？是优秀员工吗？如果是的，那么也许我们不应该实施这个计划。因为他们最了解公司，最关心公司。我们的新点子需要得到优秀员工的支持，这一点很重要。

如果是非优秀员工（换言之，正确的态度得分很低，在星图绩效表上落在下面区域的员工）讨厌这一新举措，那么我们不必过于担心。我们的目标就是，让最关心公司的员工觉得舒服，而让最不关心公司的员工感觉不舒服。

星图绩效表的实践

我曾经和一家规模很大的公司合作，他们的领导想提高公司的士气和业绩。刚开始，我们使用星图绩效表来评估每个员工。评估结束后，我们担忧地发现，公司至少有四分之一的人都被评估为非优秀员工，而且前一半的员工平均分布在星图绩效表上。于是，我们进行了深度的探讨：到底是什么原因导致了员工的士气和业绩出现问题。最后，我们承诺用两年的时间，让每个人都能成为优秀员工。

星图绩效表上半区域的员工很好解决。因为其中一些人需要的只是适当的指导和培训；有一些人需要调整工作岗位，以便最大限度地发挥他们的优势；还有一些人需要一次早就应该进行的推心置腹的谈话，让他们能够清楚地认识到自己处于星图绩效表的哪个区域。

但是，落在星图绩效表下半区域的员工有着更深层次的问题，解决起来也更复杂。这群员工表现出强烈的抵触情绪，他们抓住每个机会破坏新计划的实施。在吃工作餐时，他们拉帮结派，一群人在那里窃窃私语，和同事们一起嘲笑这次管理新风潮就像一场流感，很快就会过去。但是当他们发现一切并没有停止之后，就变得更加放肆，在许多公共场合，甚至在与管理层的面谈中，大声地抱怨着他们的不满。

顶着这些压力，领导层坚持实施这项措施，很快就看到了成果。以前埋得很深的问题得以浮出水面。有些人的岗位进行了调整，以便更好地发挥他们的优势；有些人自动离职；有些人则被公司解聘。现在，公司制定了一套严格的绩效制度，用来评估每位在职员工的能力和态度。

随着政策的贯彻实施，公司呈现出积极的发展势头。政策实施两年多时间以后，公司的每个人都被评估为优秀员工。伴随着这一里程碑的树立，公司的利润额和员工士气都达到了空前的高度。

当公司成功地塑造了优秀员工的文化，我找到每个团队进行面谈，向他们阐述星图绩效表和优秀的公司文化理念（优秀的公司文化里全是优秀员工，而落后的文化则容忍落后员工）。有趣的是，公司这种持之以恒，确保每位成员都是优秀员工的决心，得到了一个又一个团队的热情拥护。在会上，大家分享了自己的故事，谈到过去和非优秀员工一起工作真的很难熬。

优秀的人想要和优秀的人一起工作。

公司要职由优秀领导担任

《哈佛商业评论》杂志发表了一项关于如何培养优秀的管理人才的调查结果。历时五年，它一共调查了 13 000 名高管和 112 家公司。调查结果显示，表现最优秀的公司会采取有效的措施，以确保公司的要职都由最高级的人才担任。调查还发现表现不合格的领导会引发不良的后果。这项调查中的两家公司，他们的优秀领导实现了 105% 的平均利润增长，但是非优秀领导却没有实现任何的利润增长。这项调查说明了一个领导者不需要看书、看文章就明白的道理：糟糕的领导带来糟糕的业绩。

我觉得这项调查最有启发性的一点就是：“只有 16% 的领导完全同意以下观点：公司知道在最高级别的领导当中，谁的表现最好，谁的表现最差。”

也许参加调查的人对此信以为真，但是我并不相信。我认为所有的领导者都知道公司里谁最强，谁最弱。只是他们选择忽略这一事实。于是，下属们好像觉得领导者完全和现实脱节，对团队里谁最强，谁最弱这一基本情况都毫不知情。

如果你是一名冰球教练，球员的表现并不是一个难解之谜。这一点连普通粉丝都知道。按照球员的表现情况，可能有一个从最佳球员到最差球员的排名。每位球员根据自己的收入水平、上场时间、记分牌上的进球分数，也能够清楚地了解自己在球队的位置。这根本不是什么秘密。真正想打胜仗的领导会知人善用，使员工的优势得到最大限度的发挥。

行动步骤

• 创建星图绩效表，并将所有的员工放在同一张绩效表上。

• 和每一位雇员进行面谈，让他们知道自己在星图绩效表上所处的区域。

• 坚持贯彻员工绩效考核，不要因为遭到非优秀员工的反对而退缩。

本章小结

星图绩效表这个评估工具很简单，它将看似主观的评价（给团队评分）转变成一个更客观的标准。

• 从 1 分到 10 分，根据每位员工平时一周或者一个月的工作态度来评分，并在纵轴上标出来。

• 从 1 分到 10 分，根据每位员工在同段时间内的工作业绩来评分，并在横轴上标出来。

• 最后，在星图绩效表上将两根线连起来，标出每位员工所处的区域：优秀员工、潜在优秀员工、不适合的员工，以及效率高但态度差的员工。

表现最优秀的员工很喜欢这个过程，因为他们的工作表现终于可以得到公司的正式认可。同样的道理，表现最差的员工则会有大量的抱怨不满，甚至会试图阻碍这一进程。

第六章
成长：避免领导的八大误区

如果你认为可以将人性的弱点转变成优点，我不得不告诉你，接下来还有另一个弱点。

——杰克·汉迪

《杰克·汉迪的深刻思想》作者

在20世纪40年代，乔治•李维斯写了一本寓言故事书，名叫《动物的学校》。他用幽默的方式，阐明了如何评估优势和劣势的基本道理。故事大概是这样的：

从前，森林里的动物们决定创办一所学校。老师们通过开会，一致同意开设以下标准化课程项目：游泳、跑步、飞行，以及爬树。为了获得全面的发展，每个动物都必须学习一模一样的标准课程。

总体来看，鸭子在游泳项目上的表现非常突出，其中一些鸭子真的是禀赋惊人。但是在飞行方面，他们的成绩只是刚好及格而已，而跑步的成绩更是惨不忍睹。为了提高成绩，鸭子们放学后必须留下来练习跑步。几个月后，鸭子们实在太累了，他们游泳成绩也变成了及格，但是因为在这个学校及格就可以了，所以也没事。

开始时，兔子跑步的成绩在班上名列前茅，但是游泳成绩不行。同时，兔子喜欢四处蹦蹿，老师担心他们过于好动，所以不允许他们跑步，要求他们一直走路。一些兔子被诊断出有多动症，并且开始服用兴奋剂哌甲酯进行治疗。老师还要求兔子们接受游泳特别辅导课，还必须早一点上课进行操练。

松鼠的爬树和跑步成绩最优秀。实际上，在爬树这个任务中，松鼠是最卓越的学生。但是松鼠在飞行课上也遇到许多麻烦。一开始，他们先爬上树，张开爪子，然后一路滑到地上（毕竟松鼠就是这样飞的）。但是老师却要求他们从地上起飞，而不是从树顶起飞，所以松鼠也未能掌握课堂内容。因此，每次上飞行课，老师都把松鼠带到健身房，让他们做前爪练习，增强他们的肌肉力量，这样松鼠就可以学会正确的飞行方法。但是这个练习实在太费力，最终，松鼠爬树的成绩也不及格。

老鹰是个问题学生。爬树课上，他打败了所有的动物，第一个到达树顶，但是他们坚持用自己的方式（自然，他们会用到飞行）。老鹰争辩道，结果比方法更重要，但是因为他们过于顽固不灵，所以学校的心理医生诊断老鹰患有狂躁症。

这个故事带给我们最明显的启示是：人各有所长，我们应该关注优势，而非弱点。

关于人力问题最常见的八大误区

如何让生活变得更有效率，我们首先想到的是什么呢：扩大自己的优势，还是纠正自己的缺点？对于大多数的人来说，可能最先想到的就是改正自己的缺点。但是以我多年培训的经验，我从来没有见过，有哪个人取得胜利，是因为他全面纠正了自己的缺点。这点虽然显而易见，但是想想，有多少关于人力的偏见最终成为人们普遍的看法。接下来我要花一点时间，来一一揭开这些最常见的误区：

1. 培训可以纠正一个人最本质的缺点。

2. 培训的意义在于帮助人们管理自己的缺点。

3. 培训可以改变一名顽固己见的落后员工的行为表现。

4. 严厉的谈话会破坏领导和员工的关系。

5. 一次性做出全面的改变就能成功。

6. 激励方式不存在年龄的差别。

7. 谁资历最老，谁就最适合这份工作。

8. 如果他的生活一团糟，也不一定会影响到他的工作表现。

误区 1：培训可以纠正一个人最本质的缺点

江山易改，本性难移。虽然我们可以进行培训指导，但是我们必须明白，任何一个员工，他能达到的最好状态就是他变成原本样子的更好的“版本”。

虽然聪明人一生都会坚持学习，使自己的才华和能力得到最好的发挥，但是他原本的个性不会有太多的改变。50 岁的时候，他那些本质上的优缺点和他 20 岁的时候不会有太大的区别。

如果你喜欢这名员工现在的状态，只要为他提供指导培训，相信未来的他会变得更好。但是，如果你不喜欢现在的他，即使你为他花费大量的时间、精力和金钱，你也不可能将他转变成另一个人。正如一句谚语所说：“骨子里的东西是不会变的。”

误区 2：培训的意义在于帮助人们管理自己的缺点

每个人都有缺点，这也包括你的优秀员工。如果他学不会适度控制自己的缺点，他可能会毁于此。这可能是真的，但是培训的重点不在于管理他的缺点，而是在于如何最大化地发挥他的优点。在做培训和客户谈到缺点时，我希望可以看到以下四种重要的结果：

（1）增强自我意识。

并非每个人都有很强的自我意识，人们常常意识不到自己的缺点会影响到他人。所以，培训的第一个目标就是，帮助人们了解别人对他的感观，帮助他们找到自己最擅长的领域，以及让他们明白，学不会控制自己的弱点会带来怎样的伤害。

（2）承认自己的缺点，并对团队开诚布公。

我特别相信我们应对同事坦诚自己的缺点——不是告诉他们你是什么样的人（相信我，他们早已知道这一点），而是告诉你的团队，你知道自己的缺点在哪里。如果大家知道你对自己的缺点有自知之明，而且至少你正在力求改进，人们就会原谅你的缺点。正如我哥哥曾经说过："自知还是无知，是贤人和傻瓜之间最大的差别。"

（3）调整自己的角色，最大化地发挥自己的优点。

做培训的时候，我并不期待我的客户能够改变他的本质，因为这种改变不会持久。同样，纠正弱点也不是获得成功的策略。你之所以成功，是因为你找到了你自己最独特的天赋才能，并在工作中充分地将其发挥出来。对待缺点更好的策略就是，使自己在最擅长的领域变得越来越卓越，以至于人们会原谅你的缺点。

（4）自我意识的增强，带来行为的改变。

你应该关注自己的优势，而非自己的弱点。优势不一定指的是你做得好的事情。你擅长做的事情可能有很多，但是有些事情却会令你感到疲倦。你应该找到那些让你感到兴奋且精力充沛的任务。找到那些超越他人并且天生就适合做的独特优势。一旦你找到并挖掘出自己的潜能，努力提升自己，将这个优势发挥到极致，那么你未来所取得的成就将会远远超出你的想象。

误区 3：培训可以改变一个顽固己见的落后员工的行为表现

上一次，你成功地逼迫一名成年人做他不愿做的事情是什么时候？是不是行不通？除非他自己愿意，否则就是浪费时间。

测试一个人是不是落后员工的一个好方法就是，跟他说可能要接受培训。如果他耳朵竖起来，表现出兴趣，那可能还有希望。但是如果他对此一点也不感兴趣，那么，除了一些基本的培训之外，不要再浪费时间和精力去为他提供翔实的长期培训计划了。

误区 4：严厉的谈话会破坏领导和员工的关系

讽刺的是，大多数情况下，事实恰好相反。如果领导找你谈话，你能鼓起勇气，诚恳并坚定地面对他，结果通常并不像你想象的那样糟糕。实际上，我做过的那些严肃谈话中，绝大部分都带来了积极正面的结果。

优秀领导找员工进行严肃的谈话，并不会招来怨恨。因为他们愿意正视这些问题，反而会赢得大家的尊重和忠诚。谈话时，不要妄自评判，谈话的目的是为了让事情变得更好。

我有一位最喜欢的 CEO。有一天，他有一名员工没来上班。一整天都没来上班，然后两天过去了，三天过去了，最后一整个星期都没来上班。他既没有打电话（或者发电邮、发短消息）告诉我们他在哪里，而且也不回别人的电话。

一周后，这名员工回到公司对我朋友说，他曾企图自杀。我的那位朋友，也就是 CEO 认真地倾听了他的话，表示同情理解，并告诉这名员工，公司会支持他，陪他度过这段痛苦的时光。还告诉他，公司会为他支付看心理医生的费用。而且，他想休多长的假期都可以，直到他完全恢复健康。

接着，我的朋友改变了谈话的方向，告诉这名员工现在他要戴上“老板的帽子”了。因为这名员工无故旷工一周，公司需要对他做出书面警告，并记录在案。这名员工听后觉得难以置信。于是，我的朋友接着说道：“你有没有想过你无故旷工会影响到你的同事和客户？”那名员工从未想过这一点。于是，我的朋友告诉这名员工，因为他，公司错过了工期；因为缺少人手，给客户带来了不便；一些同事不得不加班到很晚，他的行为给部门里的每个人都增加了工作压力。这名员工听后，心甘情愿地接受了老板的惩罚和关心。

几年后，当这名 CEO 召集员工，通知大家他要离开公司的时候，那位当年企图自杀的员工热泪盈眶，因为他知道这名 CEO 真正关心他。同时，为了公司的正常运转，他还愿意采取铁腕措施。

我讲这个故事的目的，并不是建议大家遇到类似的情况，都采取同样的做法。我只是想阐明这一点：基于尊重和信任的严厉谈话，可以取得很好的效果。

误区 5：一次性做出全面的改变就能成功

如果想让自己的生活一次性做出全面的改变，这种改变一般都不会太长久。真正的变化需要我们坚持不懈地付出努力，一般发生得都很缓慢。每一天都是一个新的选择，我们选择将一只脚跨到另一只脚的前面，朝着正确的方向一步一步前进。

成功的培训经验更像一次马拉松，而不是一次短跑冲刺。马拉松刚开始的时候，选手们个个兴奋激动、跃跃欲试。经过几个月的准备，他们已经调整到了最佳的状态，觉得精力充沛，充满了热情。新的一天已经来临，在观众席上，观众们呐喊助威，旁边的其他选手们也已整装待发。但是，当比赛进行到 3 个小时，情况慢慢地发生了变化——欢呼声没有了，人群也慢慢散了，选手们独自一人在那里跑着。最终完成比赛的选手都是那些尽管跑得非常辛苦，但是在跑了 17 英里以后，仍然继续坚持跑下去的运动员。

通常情况下，我们会高估自己六个月能够取得的成绩，但是却低估了持之以恒三年能够取得的巨大成就。

误区 6：激励方式不存在年龄的差别

不同年代的人对职场的看法各不相同，而且，他们的工作动力也是千差万别。如果你用一样的方法来激励他们，可能效果就不好。如下表所示，各个年代的人对忠诚的看法区别很大：

年代	出生年代	忠诚的对象
传统的一代	1925-1945	公司
婴儿潮一代	1946-1964	自我发展（职业发展、金钱追求，以及工作晋升）
失落的一代	1965-1985	上级领导
千禧年一代	1986-1999	同事——不是公司，也不是领导，而是他们的朋友
网络一代	2000-2017	主动和他们建立联系的人

有可能你是属于其中某一个年代的人，但是你并不相信上表所提到的价值观。这个图表只是做了一个大致的分类，为我们提供一个指南，以便我们能够更好地和不同年代的人打交道。

（1）传统的一代。

现代的职场已经很少再见到美国传统那一代人的身影。他们可能仍旧担任公司的董事，还拥有着公司的股权，但是随着一年一年的过去，他们已经从公司的运营岗位上退了下来。

他们都是爱岗敬业的人。二战时，他们为国参战，他们是国家的保卫者，也是现在很多公司的创始人。如果你不爱国爱岗，那么他们不愿在你们身上浪费时间。

（2）婴儿潮一代。

在现代的职场上，占统治地位的仍是婴儿潮的那代人。他们非常关心自我的提升和成就。他们重塑了我们的文化；他们欢迎性别改革和摇滚乐；他们重新撰写了北美洲的社会契约。

在职场上，他们不仅考虑如何提高公司的效益，还想获得功名成就，以及成功给他们带来的财富和地位。所以，为了自己的事业，他们会不假思索就做出牺牲。他们相信进步，喜欢成功。

（3）失落的一代。

失落的那一代人经历了苏联的解体，并从迪斯科舞中"幸存"下来（我就是九死一生，几乎阵亡），他们欢迎世界发生改变。他们热爱正义，并支持社会活动。他们目睹了发生在社会上几乎所有重要层面的领导人的不光彩经历，比如尼克松和克林顿的政治丑闻；电视传道者的公开陨落和天主教堂的性丑闻；红十字会的血污染事件；部队丑闻；以安然公司破产为代表的经济犯罪。

失落的一代一般对领导都抱着怀疑的态度，所以他们愿意将自己的信任投给他们所熟悉的上级领导，因为这些领导对他们的薪酬待遇、工作条件、晋升机会有着重要的话语权。他们经常跟随着一个领导从一家公司跳到另一家公司。

（4）千禧年一代。

千禧年一代受过良好的教育，有着较强的社会意识。他们思想自由、关心家庭、注重自己的生活方式和生活体验。他们非常在乎在职场有机会和同事们成为朋友，并建立深厚的友情。

所以和千禧年的一代打交道时，我们需要注重打造一个积极的文化氛围，公平地对待每一位员工。这是他们很重视的一点，也是让他们感到幸福，并激发他们干劲的必要条件。他们不一定会支持你的立场或公司的立场，但是他们一般会相互支持。所以我们可以利用这一点，为他们提供基于团队的关怀和奖赏。和他们好好沟通，让他们感到被关心、被赏识。

（5）网络一代。

有时候，他们也被称为“千禧年后一代”。这一代人在计算机和科技世界中长大。虽然他们上一代的人只是把计算机当作一种工具，但是网络时代的这代人却“畅游”在计算机和科技的海洋中。计算机是他们购物、社交、娱乐和了解世界的方式。而且，这代人一直生活在“恐怖主义威胁”的阴影下，他们的生活还深受“经济大萧条”的影响。在我们过去那个年代，这两个因素并不是大家需要考虑的问题。但是网络一代的记忆中的世界却不是如此。

他们身上显现出富有责任感的一代人的早期标志。他们的少女怀孕率更低，滥用药物的比率更低，并且毕业率更高。

在1982年出版的畅销书籍《2000年大趋势》中，约翰·奈斯比特首次提出“高科技、高交流”的理念。他相信在科技年代，人们渴望更私人化的、更人性化的交流。这是那时的未来学家所做出的、为数不多的、几个真正实现了的预测。尤其是对于网络时代的这代人而言，他们对互联网有着极端的依赖。我相信他们渴望与人交流，他们需要有更年长、更睿智、更懂得关心别人的人去理解他们的生活。不像他们儿时的那个动荡不安的世界，这代人希望在职场找到安全感。你可以做这代人的良师益友，将他们融入团队当中，并帮助他们找到一个有认同感、有归属感，并愿意为之奉献的地方。

误区 7：谁资历最老，谁就最适合这份工作

如果单看资历这一项，并不能确保这个人是否适合你们的公司。我曾经做过几次看似不可能成功的聘用推荐，结果这些人在新岗位上都干得很出色。这些例子证明了资历并不代表一切。有一名在大学校长办公室工作的学术人员，他一辈子从未卖过任何东西，但是却受聘为某个销售团队的领导。有一名工厂机械行业的职业经理人，他跨行去经营一家拥有全球市场的农业公司。

乍一眼看来，他们看似都不适合这些岗位。但是这些看似不可能的岗位变动结果证明很成功。因为这名学术人员非常聪明，他通达人情，而且学习成长能力很强。而这名机械工厂的经理有着无与伦比的干劲，他具有远见卓识，而且眼光敏锐，天生就是一名领导者。虽然他们并不完全具备这些工作的资历，但是他们拥有一切必备的特质。他们和新公司的价值观完全契合，需要学习的只是新公司的管理方式。一年内，这两个人都在新岗位上全速前进。

资历固然重要，但是有相关工作经验的人和适合这个岗位的人相比，我们每一次都应选择适合的人。

误区 8：如果他的生活一团糟，也不一定会影响到他的工作表现

我觉得这句话是错误的。虽然有时候我们在生活上遇到难事，

在工作中仍旧可以保持良好的状态，但是家里发生的糟心事对我们还是有很大的影响。归根到底，我们的私生活和工作都是我们的生活的一部分。如果工作不顺利，那么我们的家庭会受到影响。同样，如果家里的生活一团糟，人们一般在工作中也会受到影响。

领导的工作并不是帮助人们解决他们生活中遇到的难题，而是帮助人们意识到家里发生的事情会影响到其他的同事，因此帮助他们学会并遵守这个重要的原则：将私事留在门口。也就是说当你踏入工作场所的那一刹那，就需要尽量将家里的私事忘掉。你的同事没有义务充当你的心理师，他们也不应该忍受你因为受到私事的影响，而变得糟糕的工作表现。

如果家里的私事影响到了工作，那么这种糟糕的行为就需要得到处理。

行动步骤

• 和你直接管理的经理人坐下来，帮助他们找到自己最大的优势，然后和他们一起进行头脑风暴，帮助他们在岗位上将自己的优势最大化。

• 不要将时间浪费在那些不愿成长的人身上。将你的时间用来培训提高那些渴望得到自我提升的人。

• 增强团队的自我意识。帮助队员了解自己最大的优点和缺点，并且在团队里分享。你可以带头，坦诚面对自己。

• 帮助你直接管理的经理人制定一个可实现的小目标，发挥他们的优势，然后为他们制定一个未来三个月的目标。

本章小结

•江山易改，本性难移。虽然我们可以进行培训指导，但是我们必须明白，任何一个员工，他能达到的最好状态就是他原本样子的更好“版本”。

•做培训的时候，我们主要应该帮助人们努力扩大自己的优势，而不仅仅是管理自己的弱势。

•你永远无法逼迫一个成年人做他不愿做的事情。

•来自爱护员工的老板的一次严肃谈话，不但不会削弱，反而会增强和员工的关系。

•通过坚持不懈的培训，让你每一周都能进步 1%，那么这就意味着一年半以后，你将会比现在的自己优秀一倍。

•针对每个年代的人的激励方式都不一样，所以一名明智的领导会因材施教。

•聘用适合的人选，技巧是可以培训的。

•虽然一个人的私生活和工作都是他生活的一部分，但是一名专业的员工会将两者区分开来，而不会将包袱转加到其他同事的身上。

第七章
思考：优秀员工离职的三大原因

如果为了得到你的关注，我需要不断追逐，不断争斗，那么我就不想要了。

——威尔·史密斯

美国演员、制片人、说唱歌手以及作词人

我曾经和上百名优秀员工打过交道。最开始，我们就需要明白的一点是：现在正有人坐在会议室里，考虑着如何将我们的优秀员工挖过去。这就是优秀员工离职最常见的原因。因为有人比我们更欣赏他，愿意为他提供新的挑战和更好的工作环境。

危险无处不在。首先，所有与优秀员工有过交流的人，包括我们的竞争对手、供应商、顾客，还有优秀员工在贸易会上遇见的人，以及在社交场合结识的人，总有人慧眼识英才。我记得无数次，在社交场合或者和工作相关的活动中，精明的企业主或者 CEO 在和优秀员工随意交谈时，总会向他们抛出橄榄枝。

让我们吃惊的是，优秀员工往往不是因为钱的原因而离开公司。不过，如果钱多的离谱，那又另当别论。但是即使是这样，如果优秀员工对公司的其他方面都很满意的话，他们也会思考良久，到底应不应该因为更高的薪水而辞职，他们会觉得非常矛盾。

我的客户中有一名高级经理，他在公司深受大家的尊重，而且在工作上享有高度的自主权。同行业里，有一个非竞争对手的公司积极地向他伸出橄榄枝，最后给他提出的薪水几乎是他现在薪水的两倍。这名经理做决定时候特别纠结，因为除了薪水，他觉得那家新公司提出的工作更有挑战性，且更能发挥他的才能。但是，他还是带着这个工作机会找到公司的管理层，问公司是否能够为他提供相近的待遇。但是公司做不到，所以他只好很不情愿地选择跳槽。最后，他提前三个月通知公司，并且向新公司坚持，他将以顾问的身份继续为原公司服务六个月。这名优秀员工离职的原因，是因为别家公司为他提供了高额的薪水、良好的机会，以及许许多多的优惠条件。

优秀员工离开公司的三大主要理由

如果薪水只是某个更大问题的一个表征，那么优秀员工也会因为钱的问题而离开公司。但是如果按照行业的标准，他获得的薪水是合理的，那么钱不是最主要的问题。一般情况下，优秀员工离职的三大原因是：

1. 被迫和非优秀员工共事。
2. 被迫在非优秀员工手下工作。
3. 工作缺乏挑战。

1. 被迫和非优秀员工共事

如果你的优秀员工需要被迫和某个非优秀员工一直打交道的话，那么你应该感到担心，因为他们会有潜逃的风险。最终，优秀员工会改投那些愿意对非优秀员工采取措施的地方。

关于这一点，我的一个CEO朋友给我举了一个客观的例子。他伸出他的双手，双拳紧握，手掌朝下。然后，他说道：“假设你有两个团队，一只手里有一个团队。一个是优秀员工，另外一个是非优秀员工。现在你来选择应该留住哪名员工，因为你不能两个都留下。如果你选择留下非优秀员工，那么同时你就选择放弃了你的优秀员工，因为他不愿意和非优秀员工共事。”

你想留下哪个呢？请记住，你不能把两名员工都留下。

货柜商店连续 14 年获得了《财富》杂志评选的“美国最佳工作地点”。我阅读过众多关于他们公司的报道后，去了离家最近的一家分店调研。在那里，我采访了他们的经理和多名雇员，一个清晰而又统一的主题显现出来。一名员工这样说道：“不管我在哪里工作，我都是最努力工作的员工。但是我被迫和那些不上心的人一起上班，和他们拿着一样的薪水。我再也忍受不了。但是在货柜商店，大家工作都很上心，我们有大量的培训，大家都努力工作，否则在这里就待不下去。所以我喜欢来这里上班。我不愿意和懒惰的人一起工作，一个也不愿意。在这里，每个人都对工作充满了激情。”

经理告诉我，在这里工作的员工都充满干劲。具备相关资历并且有意愿来这里工作的申请人远远超过他们的需求。所以，他们可以在公司最忠实的粉丝中挑选最优秀的人才。

2. 被迫在非优秀员工手下工作

对于任何员工而言，工作是否开心，关键在于上下级的关系如何。这比公司本身还重要。一名员工在一家实力弱的公司工作，但是如果他的顶头上司十分优秀，他也会非常开心。相反，一名员工在一家优秀的公司工作，但是如果他的顶头上司是一名非优秀领导，那么他永远也不会感到开心，在这家公司也不会待得很久，无论这家公司有多么的知名、多么的卓越。

最简单的道理就是员工因为公司而加入，但是却因为领导而离开。如果他的顶头上司对他非常关心，明白他的生活重点和职业目标，并且非常支持他的职业发展，那么他在这家公司会干得很开心，就会一直留在这家公司。但是，如果一名员工觉得他的顶头上司能力不行，或者觉得上司缺乏公司要求的正确工作态度，又或者他自己不受上司的喜爱，那么首先离开的总是优秀员工，因为他很容易找到下一份工作。

当一名非优秀员工担任了领导的职位，那么在他手下工作的人立刻有了潜逃的风险，这就好比在有意地裁掉你公司最优秀的员工。能够容忍在非优秀员工手下工作的人一般就是那些没有其他选择的人——也就是其他的非优秀员工。让一名非优秀员工当领导，相当于在裁掉优秀员工，而且裁掉的是所有的优秀员工，留下的却是所有的非优秀员工。

3．工作缺乏挑战

如果优秀员工觉得在公司里不再有成长的空间，而且事业停滞不前，但是却又找不到办法改变这种局面时，那么他会经常想到跳槽。毕竟，因为这个原因辞职，理由还不错，不是吗？！但如果是“不适合公司的员工”或者“工作效率高但态度差的员工”，他们就会开开心心地在公司混下去。但是优秀员工不是这样想的，他们渴望成长！

有趣的是，我见过很多优秀员工宁愿去一家薪水更低的公司，因为新公司的价值观和他更契合，或者新公司为他提供了更多的挑战和机会。比如下面故事当中的一位优秀领导者——他是一家连锁餐厅的地区总经理，负责其中一家规模很大的旗舰店。这是一家时尚又知名的餐厅，薪水给得也很高。但是后来他却选择去了一家规模很小的初创企业工作，因为在那里，大家工作充满了激情，而且没有那么繁缛的内部管理系统。

有一天，我和这名年轻的领导人坐在一起，问他为什么要换工作？他提到的第一条原因是没有挑战：“我为公司工作多年，但是我看不到将来还有什么更多的挑战。我想在这家公司我的发展就是这样了。公司不会考虑将我升到高级管理层。他们已经将我认定为一名地区经理。我的业绩不错，我知道未来很长一段时间都不会有什么改变。”

他给出的第二条理由就是，他感觉被忽视：“通观全局，我看到公司有许多可以改进的地方。我列了一个清单，但是监管我们店的公司代表对此却毫无兴趣。他关心的只是我的销售额能否继续增长。但是他一点也不关心我的职业目标是什么，我的事业怎样才能得到进一步发展。对于我这个人而言，他真的一点也不在乎。在过去，我和公司的老板有过直接的交流，并且对公司的未来发展方向提供了一些有建设意义的点子，但是现在我只能和公司的‘寄生虫’谈话。我受够了。”

最后，这名优秀员工接受了我客户提出的比前一家公司更低的薪酬待遇，因为他更喜欢这里的人，更认同他们的价值观。他相信自己能够为公司的发展做出积极的贡献。再一次，他又变得重要了。

优秀员工离职不是因为被人招募，而因为受到了吸引——机会吸引人才。

优秀员工想要和其他的优秀员工一起工作。他们希望有机会能够证明他们是真正的优秀员工，他们想要不断成长的机会。如果我们以认真的态度来落实星图绩效表，我们将会吸引到更多的优秀员工。如果我们吸引到了更多的优秀员工，那么我们将更容易招募到更多的优秀员工。这就是为什么优秀团队的发展势头会越来越好：因为充满优秀的人才，并且不断成长的公司将会变得越来越有吸引力。

学会合理分配时间

现在，我们好好地审视一下自己。我们是否在不遗余力地留住公司的优秀员工？首先，问一下自己，我们的工作重心放在哪里？我们是不是把大部分的时间都放在优秀员工的身上，对他们进行开发、培训、激励，使他们变得更加优秀？我们有没有认真地考虑，运用各种策略来留住优秀员工？如果我们做到了这一点，那么即使他们拿到了其他的工作机会（他们将来会有这样的机会），他们还是愿意选择待在我们的公司。

我们是不是把大部分的时间精力都花在了非优秀员工的身上（不适合公司的员工，或者工作效率高但工作态度差的员工）？既费时，又耗力。上班的时候，我们要不停地担心他们；回到家后，我们还要继续为他们担心。对于大多数的领导者而言，他们大部分的时间都消耗在了抱怨者身上，而不是在胜利者身上。想想这两者的差别：

胜利者	抱怨者
他们为自己的行为负责	他们是环境或他人的受害者
他们走进房间后能点亮全场	他们离开房间后，全场才被点亮
建立牢固的关系	摧毁关系
独立地工作	经常需要你的帮助
将事情做好	找借口
把生活看作是一次令人兴奋的探险	把生活看作是一场煎熬的苦难
解放你的时间	吞噬你的时间

因为身边的人，我们变得更优秀，或者更糟糕。生活中选择的朋友是这样，同样，职业生涯中也是如此。每位成员都需要提高团队的平均水平，因为没有一个人能够凭一己之力获得成功。每一天，胜利者用他们的行为激励着我们，激励我们向世界展现出最好的自己，激励我们让自己变得更优秀。

行动步骤

• 和离职的优秀员工进行面谈，了解他们离职的原因。确保他们不是因为和非优秀员工共事或者在非优秀员工手下工作而决定离职。

• 确保非优秀员工永远不能担任公司的领导职务，因为这会驱走公司的优秀员工。

• 如果公司的重要职位需要招人，我们可以问问优秀员工是否有推荐的人选。因为物以类聚，人以群分。

本章小结

优秀员工离职的三大原因是：

1. 他们被迫和非优秀员工共事。

2. 他们被迫在非优秀员工手下工作。这比和非优秀员工共事还要糟糕。因为优秀的公司会吸引员工加入，但是糟糕的领导会促使员工离开。

3. 他们觉得工作缺乏挑战，令人厌倦。所以我们应该确保为优秀员工提供更好的“跑道”，帮助他们不断地成长。

优秀员工离职不是因为有人招募，而是因为他们受到吸引。拥有优秀的团队的公司、有发展机会的公司会将优秀员工吸引过去。最优秀的人总想和最优秀的人一起工作。所以我们应该合理地安排自己的时间，将时间投资到最优秀的员工身上，使他们在自己擅长的领域变得越来越卓越。

第八章

奖励：留住优秀员工

人们为了钱而工作，但是会为了表扬、赏识和奖励而加倍努力工作。

——戴尔·卡耐基

领导能力培训大师，《人性的弱点》作者

少不更事时，我曾是一名初出茅庐的销售员。有一次我们上培训课，老师为我们讲解什么是“银盘综合征”，就是你将大量的时间花在问题客户的身上（尽管你多么希望没有这些客户），然而你最好的客户就好像被你放在银盘上，拱手让给了你的竞争对手，因为你一直在（虽然是无意地）忽视他们。“银盘综合征”也适合你的优秀员工。

残酷的现实是，如果你把时间都花在抱怨者身上，那么优秀员工就如同被你放在银盘上，白白地拱手让给其他更关心、更赏识他的人。

优秀员工很容易被忽视，因为他们不需要你的关注。每天，他们不需你费心就把事情干得妥妥帖帖。但是忽视他们会有风险，因为此时正有人计划着把你的优秀员工抢走。可能是你的一名客户、供应商，或者是你的竞争对手。也可能是你的优秀员工在社交场合认识的人，或者是他们在贸易会上遇见的人。

如果你的优秀员工面临一份更好的工作机会的诱惑，你有什么计划能够将他们留住吗？

我们应该确保优秀员工得到赏识。奖励他们，多多地奖励他们。给予他们更多的工作自主权，让他们成功地把工作做好。给予他们更多的支持，让他们将工作做得越来越出色。

留住优秀员工

领导在进行绩效评估的时候，一般会倾向于关注有问题的地方，以及如何去解决这些问题。我们制定的人事计划就反映了这一点。我们明白如果员工表现不佳，就需要和他们谈一谈或者想一想采用什么措施来解决这个问题。我们经常会考虑这种类型的人事计划。但是针对优秀员工的人事方案呢？我们有没有留住并开发优秀员工的计划呢？作为领导者，我们最重要的工作任务之一就是照顾好我们的优秀员工。幸好，关于优秀员工的人事计划非常简单，而且执行起来非常有趣。简而言之，我们需要：

- 爱他们。
- 奖励他们。
- 挑战他们。
- 给他们提供成长的机会。

当我们按照自己的精力分配做好这一点时，我们会兴奋地发现我们的优秀员工们开始茁壮成长。我们可以先从下面这十大奖励做起。

十大最有说服力的奖励

我们用爱留住优秀员工，爱可以表现为多种形式。表现爱的方式，因人而异，可以包括：

1. 金钱。

2. 私人礼物。

3. 赏识。

4. 个人成长的机会。

5. 地位。

6. 自主权。

7. 成为公司内部圈子的一员。

8. 关注度。

9. 额外福利。

10. 增加他的工作职责。

1. 金钱

钱很重要。按照业界标准，我们需要为优秀员工提供合理范围内最高的薪酬待遇。但是，我发现对于很多优秀员工而言，手上多出来的现金和金钱所代表的对他能力的认可几乎是同等重要。

如果我们要为员工涨薪水、发奖金、给予奖励，那么只奖励那些积极为公司做出贡献的人，而不是在公司里安逸享受的人。我们开的又不是托儿所。

我们应该打造一个重功劳、讲贡献的公司文化，而不是打造一个按资排辈的文化。我经常发现20年的工作经验实际上就是5年工作经验重复四次。他担任这个职位已经很久，但是既没有什么成长，也没有增长什么新的技巧，所以难以匹配更高的待遇。一个人在工作上表现出来的能力不一定能体现出他多年的工作经验。员工离职率低并不一定就是优势。通常，这只是意味着重要的问题还没有得到处理。

讽刺地是，薪酬太高也会起到抑制作用。如果薪水太过丰厚，那么就没有什么值得奋斗的空间。所以我们应该按照行业标准，为优秀员工提供合理的高薪。这就意味着在不同的公司，情况也不一样。也就是说，确保我们提供的薪水是合理的，那么钱就不会成为优秀员工考虑其他公司的理由。

2. 私人礼物

有时候，合适的礼物比加薪更有意义，它还具备了留下美好回忆的价值。赠送一份小礼物，如果很真诚的话，也会很有意义。鲜花、书本、礼物卡、巧克力、纪念品等，再配上一张卡片，写几句有意义的话，这个礼物永远不会出错。同样，赠送一份大礼，尤其是当这份礼物成为大家热议的话题，或者成为一个难忘的纪念的话，它所产生的作用将会是神奇的。

过去，我在一家大公司做销售代表。第一次参加商展的时候，我就下定决心要非常努力，让自己在团队里脱颖而出。商展还没开始，我就和客户打电话，约他们到展厅见面。我协助展厅的布置工作，还帮忙最后拆掉展厅。我确保自己休息的时间不要太长。我热情地对待每一个潜在的客户，把他们都当作未来的客户对待。我抵抗每个想坐在后面、发发单子的冲动。我甚至把手表拿掉，这样我就不会在商展上看时间。

这次商展非常成功。我们回到公司后，老板送给我一个大大的——不，是一个硕大的——用西班牙雪松制作的古董雪茄盒，它前面安装了一扇玻璃门，里面装满了昂贵的古巴雪茄。就雪茄盒而言，这个礼物非常壮观。而且他赠送雪茄盒时，在销售会上向大家对我说的那些善意话语，同样令我震撼。他甚至还在雪茄盒背面安装了一个纪念匾，在匾上刻上对我工作表现的赞赏，以及那次展会的日期。

这是一个非常漂亮的家具，也是相当昂贵的礼物。我深深地被打动，也给我留下了难以忘怀的回忆。如果领导给我的是 1 千元现金，那么我可能会为汽车装一个新轮胎，带着老婆出去吃饭，然后很快就忘得一干二净。

但是 20 年过去了，这台雪茄盒如今还摆放在我的办公室里。实际上，在我打出这些句子的时候，我正看着这台雪茄盒。这不仅是我看过的，也是我听说过的最上乘的雪茄盒。当年的那些雪茄都还在，因为碰巧地是，我不抽烟。除了这个小细节之外，来我办公室的拜访人都要对它评头论足一番。这么多年过去了，这台雪茄盒还能让我回想起当年的那段经历。

3. 赏识

许多领导者都吝啬表扬，这真是大错特错。领导者应该给予员工他们理应得到的奖赏，这是激励员工的大好机会，也是给整个团队强化正确态度的大好机会。

我们应该在各种场合，公开地或者私底下，表扬那些代表了正确态度的员工。给他们写感谢函，或者给他们颁奖。赞赏不一定需要花钱，钱不是重点，重要的是，他们做的事情有人注意到。

如果是意料之外的赞赏，那么意义将更加重大。如果某个员工当选了“每月最佳员工”，而所有人都知道每个人最终都会轮到，那么这个奖励也没什么意义。但是，如果在一次员工大会上，某个员工意外地得到领导的大声赞扬，那么这就意味着告诉这名员工，他所做的正确事情有人注意到，所以这种表扬就更有意义。

我女儿十几岁的时候，在一家快餐店打工。有一天，她在公开场合得到了领导表扬，并且获得“重要员工”的奖项。对她而言，那天是个非常重要的日子。吃饭时，她和我们全家自豪地分享了这次经历。对她而言，这个奖励代表着一种信任，代表着她在工作中所取得的进步。

4. 个人成长的机会

雇员的个人成长机会包括参加各种活动或者开会、参加外部培训、在线研讨会、公司报销的教育机会以及购书补贴等。让员工去参加行业峰会或者坐飞机到另一个城市学习新技能。对员工而言，这些机会意义重大。

个人成长的机会尤其让优秀员工感到开心，因为这既可以在同事面前证明他们的地位（“苏珊可以去什么地方？”），也为他们提供了在家里吹嘘的机会（“是的，我周一要飞往洛杉矶开会”）。员工可以受益于这些培训带来的各种机会以及人脉。而且，当这名员工将学到的新技能带回公司，那么公司也获得了益处。如果他回来后给同事们做一个总结发言，那么带来的好处就更深远。对于所有人来说，这都是一件好事。

5. 地位

比如更高的头衔、更好的办公室、更大的财务账号、更好的工作时间、更好的停车位以及其他更大的权力。把以下四种方式结合使用，可以激励大多数的人：

（1）地位。

（2）金钱。

（3）权力。

（4）受欢迎程度。

虽然这些分类并不一定能反映我们内心的想法，但是这个清单大部分的内容是正确的。在公司里，我们应该让大家知道，工作越努力的人得到的回报就越多。

6. 自主权

曾经一度，美国的军队不喜欢选用喜欢独立思考的人。但是世界二战以后，一切发生了改变。巴顿将军在这次的转变中发挥了重要的作用，他写道："永远不要告诉别人怎么去做，而是告诉他们该去做什么，你将惊奇于他们的聪颖。"

戴维·彼得雷乌斯，是美国驻伊拉克、阿富汗的最高指挥官，他也有着同样的理念，他寻找的是"灵活的、能够独立思考的领袖"。于是，在他就任期间，暴力事件大幅下降。

威廉·科恩，一家著名的创意3M研发公司的资深副总裁，这样描述道："我们告诉他们需要完成什么目标，但最重要的是，不要告诉他们如何实现这些目标。"

尽可能的话，让员工发挥独立自主权。每个人都喜欢有一定的自主权，而且，优秀员工最看重的就是自主权，他们会最大化地发挥自主权的功效。我坚信这句名言"不要为你的赛马套上马鞍"。马鞍只能妨碍赛马的发挥，甚至可能成为一种负面刺激。

自主权指的是让人们自己掌控：

- 工作内容——现在的工作重点是什么，应该何时完成。
- 工作方法——自行决定完成工作的最佳方法。

• 工作时间——可以远程工作，或者拥有弹性的工作时间。

以上内容有些可能适合你们公司，有些可能不适合。但是为员工提供最恰当的自主权，你将惊奇于他们的聪颖。

7. 成为公司内部圈子的一员

人性最大的动力之一就是能够打入内部小圈子。我们对此都深有了解，因为我们都上过小学。孩子们为了成为内部圈子的一员，可以抛弃掉道德、自律，有时候甚至是自尊。他们会背叛自己的朋友，向家人撒谎，丢掉受教育的机会，不惜牺牲健康，以及忍受大人的惩罚，只要他们能够加入他们认为很重要的小圈子。长大后，这一点也不会改变，公司的每个人都急切地渴望成为内部圈子的一员。

与其和这个现实做斗争，不如将它作为一种奖赏。我们可以邀请优秀员工参加某个管理层会议或者度假，也可以把他们叫到办公室或者邀请他们吃饭，或在某个重要的战略性的决议上，询问他们的意见，甚至可以安排他们和公司最高级别的经理人见面等。

把打入内部圈子作为对优秀员工的奖励，是内部人士的权力。这种权力对于人们来说非常重要。

8. 关注度

我采访过很多优秀员工，他们之所以另谋他就的原因就是，因为他们觉得被高级管理层忽视。有时候，我们觉得可以不用关注这些员工，因为他们总是能把事情搞定，于是我们就把注意力放在别处。

但是优秀员工感觉得到，并且非常不喜欢这种被忽视的感觉。他们想要知道他们仍在你的“雷达”范围内。他们想知道你了解他们的计划和目标，并支持他们的职业发展。我们可能犯下的最大错误就是忽视优秀员工，而白白地将他们拱手让给其他更关心他们的人。在生活中，我们需要谨记的是：不要让家里的火熄灭；工作中，情况也是如此，千万不要忽视那个你最爱的人。

9. 额外福利

一些航空公司深谙此道——额外的福利可以换来顾客的忠诚。你知道有多少人为了拥有“超级三倍白金飞行积分卡”而购买了许多本不需要的东西或者再坐一趟飞机吗？这样，他们等候登机时就不必和大家脏兮兮地挤在一起，或者不必和普通人一起坐在三等舱里了吗？额外的福利真的可以把客户留住。

额外福利可以是多种形式，比如度假、最先进的科技产品，或者提高出差等级等等。我有个客户经常使用新款手机、新款手提电脑作为奖励。有一个客户让自己的优秀员工将经济舱升级为头等舱，或者让他享受机场贵宾休息室的待遇。还有一个客户收集“赃物”（供应商给他们的礼物）作为奖品，发给优秀员工。有一家连锁餐厅允许完成销售目标的员工免费享受食物。

找到你的优秀员工心目中觉得最重要的额外福利，然后利用这些福利增加他们留在公司的动力。

10. 增加他们的工作职责

加大工作量是一种奖励？真的吗？

虽然非优秀员工不喜欢增加工作量，但是优秀员工却会喜欢你给他的这份信任。通常，对他们而言，更多的职责是一种奖励，尤其当其他人也注意到这点的时候。你度假的时候，可以让你的优秀员工来当老板；你不在公司的时候，可以让他来领导团队，给他们机会锻炼一下自己的领导能力，同时让他们知道他们是你信任且看重的员工。

如何留住你的优秀员工呢？人力秘诀在于：

• 爱他们。

• 奖励他们。

• 挑战他们。

• 给他们提供成长的机会。

行动步骤

• 将你的优秀员工列个清单，问一下自己，你为他们提供了哪些让他们感兴趣的成长机会。

• 和每个优秀员工单独地坐下来，问问他们的职业目标是什么，然后你打算如何帮助他们达到这些目标。

• 将你表扬过、奖励过的人员列个清单，每月检查一遍。

• 邀请一个正处于上升期的领导者加入公司核心领导圈的会议，让他尝尝成为核心人士的滋味。

• 针对公司正在面临的某个重要的战略性问题，向一个聪明、有志的年轻员工请教意见。

本章小结

奖励优秀员工有多种方法，包括：

• 确保优秀员工获得的是业界最高的薪酬待遇。

• 奖励私人礼物，不仅仅是现金，让这次回忆更加难以忘怀。

• 在公开场合，或者在私底下，赞赏他们的优秀表现。

• 提供个人成长的机会，比如购书补贴以及教育研讨会。

• 奖励身份的象征，比如更炫的头衔、更好的办公室，以及更好的停车位。

• 信任他们，给他们自行做决定的权力，让他们拥有弹性的工作时间。

• 提供进入内部圈子的机会，让他们尝尝成为领袖的滋味，即使这个权力不是永久的。

• 给予关注，不要让他们觉得自己被遗忘。

• 提供额外的福利，包括休假、最新的科技产品、出差安排，以及公司的“赃物”。

• 提供更多的、更重要的职责，这代表着对他们的一种信任。

使用以上某种或者多种方法，确保你的优秀成员们在公司待得很开心，而不会考虑另觅他家。

第九章

引导：提升潜在优秀员工

潜能只是意味着这事你还没干过罢了。

——来源不详

我们刚参加工作或者新换了一份工作的时候，有可能都曾处于星图绩效表中潜在优秀员工那一区域。有时候，只是因为我们还太年轻，或者在这个岗位上经验还不足。比如一名 16 岁的青少年拥有和你公司所要求的正确态度，但是他需要再成熟一些，工作才能更高效。或者，你新雇用了一名很优秀的员工，但是他需要和你一起经历一个完整的经营周期,并积累更多工作经验,才能变得更有价值。这种问题一般都不需要解决。

虽然在事业的某个阶段，我们都在潜在优秀员工那一区域待过一段时间，但是这并不意味着我们永远属于那一等级。我们希望这只是我们通往优秀员工这一目标中的一个临时站点。

正如第五章所讲，潜在优秀员工一般在态度上得分很高，但是在工作效率上得分却很低。通常情况下，有两种人会跑到这一等级：第一种，他们之所以效率不高是因为他们还在学习当中；第二种，他们一直安逸地处于冬眠状态，这种“不坏也不是太好”的工作表现已经成为一种常态。第一种仍在学习中的员工很容易处理，因为这只是暂时性的。但是，第二种安逸地待在这一等级的员工就要复杂很多。本章重点讲的就是第二种员工。

潜在优秀员工的六大特征

潜在优秀员工很容易识别，因为你发现你很喜欢他们。他们之所以还留在公司的原因就是他们招人喜爱，尽管他们的工作效率并不高。有时候，位于这一等级的员工并不是那么出类拔萃，你可能不会想再雇佣他们，但是他们也没有糟糕到被解雇的地步。对于他们，你的感觉还不确定。

潜在优秀员工的身上拥有一部分你认为很重要的工作态度。他们也许才刚刚够得上潜在优秀员工这一等级，但是无论对你和公司来说，他们也不是那么难以忍受。他们也不糟糕，当然也不是那么杰出。你对他们的表现并不是很满意，你希望他们工作能够更努力、更有效率。大多数情况下，这些员工在公司待了很久，但是他们的这种落后表现也从未得到过处理。

以下几点特征最能反映员工是否属于这一等级：

1. 对工作没有热情

在某种程度上，这类员工好像很喜欢自己的本职工作，甚至他们完成的工作几乎令人满意。但是很明显，他们对工作没有投入太多的热情。他们还甚至公开地跟同事们坦然承认，滔滔不绝地告诉大家他真正热爱的是什么。如果可以的话，他宁愿待在家里而不是来上班。这些家伙已经把“周末工作”当作了一种生活方式。

显然，这一类型的员工在纵轴“正确的态度”上得不到 10 分。他的得分可能是 6 分，所以他正好处于潜在优秀员工那一区域。

2. 对自我提升不感兴趣

这类员工可能不满意现在的薪水待遇或者工作条件，但是他却满足于自己对公司做出的贡献。他不愿意参加研讨会（除非这意味着休息一天不上班或者出去旅游），他不愿意上课，或者通过读书来提高自己的工作能力，特别是这需要占据他平常工作以外的时间。

总而言之，他不愿意付出努力，使自己成为本行业的专家，他不愿意改变现状，但是也不喜欢惹麻烦。也就是，他既没有差到被解聘的地步，又没有好到我们愿意再次雇用他的水平。

3. 需要他人的支持才能完成最基本的工作职责

这类员工可能愿意或者渴望学习，但是需要其他同事的帮助和支持才能完成工作。他们开心乐观，但是能力不足。每次你见到他们向你走来，又要向你求助时，你的心情都是一沉。他们让你想起中学那个不停举手的学生，“老师，我没有听懂。”“那你哪里不懂呢？”如果老师这样问，他们可能回答，“我不知道，但是我就是听不懂。”而且情况一直没有改善，他们永远也是听不懂。

这么多年过去了，许多潜在优秀员工好像还是在原地踏步，他们的能力和自信心都没有得到提高。事实上，这可能也不是他们的错。这个职位可能超出了他们的能力范围，或者他们大概不适合这份工作，也有可能他们就是不具备做这份工作的潜质。

4. 不愿意和他人分享信息

这出于多种原因，他可能对自己在公司的位置没有安全感。或者他注意到老板没有为他鼓掌表扬，也可能他了解自己的表现没有其他人那样优秀。

最糟糕的后果是，这可能会导致“信息霸占”或者“争地盘”（这种争抢并非出于公司的利益）。“囤积者”相信，如果所有和他们工作相关的信息只能待在他们的“部落”，那么他们就越安全。也就是说，这些信息只存在他们的脑袋中，不会落到纸面上，当然更不会传授给其他人。任何分享信息的暗示（这样做可以保护公司的利益，因为我们都不能保证我们公司能够永远安全）都会被他视为是对自己的威胁，他会非常抗拒。

也许他使用“囤积信息”来保住工作的这种手段是对的，但前提是领导允许自己被他挟持。

如果你很担心，因为这么多信息都被他一人霸占着，他又不愿意和人分享，那么你就明白为什么这名员工属于潜在优秀员工这一等级了。但是，如果这名员工将信息用做武器，那么他就属于更低的那一等级了。我们稍后会更详细地谈到这个问题。

5. 关注工作时间，而不是工作效率

在某个时间点，潜在的优秀员工开始有了这样的想法，重要的是工作的时间长度，而不是完成的工作量。他可能拼命地拼凑计算工作的时间，比如路上花费的时间，候机的时间以及单独坐在宾馆的时间，或者“在家工作”等那些无法追踪、无法证实的时间。因为看不见工作效果，这些所谓的工作时间是否属实是不可知的。

6. 努力工作的前提是有奖励

这是特别不好的一个迹象，因为这表明了“一切都理所当然”的心态。当然优秀的人也需要得到可观的报酬，但是很显然，他们工作的目的不仅仅是为了赚钱。令人讽刺的是，如果赚钱是一个人的目标，一般最后他赚的钱都不会太多。

我所认识的最优秀的商人都不是为了钱而工作。他们之所以努力工作，是因为他们想改变其他人的生活，或者他们为了实现某个点子、修补某样坏的东西而充满激情。对于他们大多数人来说，赚来的钱只是附加物。当然他们也喜欢金钱，但是他们看待金钱的态度就像过去拓荒的农民看待谷物一样。固然，把它们做成一片好面包，味道尝起来也不错，但是，更主要的用途是用来当作明年的种子，以种出更多的玉米。

如果一个员工得到了合理的薪酬待遇，但是他仍需要更多的刺激、更多的奖励才能完成工作，那么这一迹象就表明他属于潜在的优秀员工。

帮助潜在优秀员工变成优秀员工

克林特年轻时候一直为他父亲打工，但是父亲对他的工作表现却越来越挑剔。父亲觉得克林特属于非优秀员工，最后就干脆放弃了他。克林特很生气，于是他在父亲的公司里面就一直这样混着，干过许多低级岗位的工作。他也不知道这一辈子该做些什么，过去他一直以为自己会继承父亲的企业。

随着时间的流逝，克林特在家族企业之外积累了很多工作经验。他现在开始能够从另一个角度来看待家族企业。同时，他还观察到整个行业已经在发生改变。于是，他加入了另外一家大型企业，他相信这家公司能够抓住未来发展的浪潮。他在那里工作了几年，开拓了一些人脉。然后，他离开了那家公司，自己创办了一家企业。

二十五年后，克林特已经成为全北美洲整个行业的龙头老大。以前他曾服务过的那些领导，现在很多人都在为他工作。作为业界杂志里的头号人物，他现在已经是大家敬仰的真正的“成功人士”。克林特和父亲最后也和解了，现在他父亲意识到他这个有才干的儿子只是在“潜在优秀员工”那一区域路过而已。

有时候，潜在优秀员工会在星图绩效表中的“B”栏中安逸地待着。这时候你就要加以重视，这些舒服做窝的人需要你进行干预。他们永远不会自己去寻求突破，但是，如果你花时间去帮助他们进步的话，那么他们有可能会提高。无论他们只是路过这一区域，还是舒舒服服地在里面做窝，我们都应该使用人力策略中最有效的工具，去刺激这些潜在的优秀员工，让他们能够得到进一步的发展。对于处于这一区域的员工，有一点不能打折扣，那就是，最终他必须晋升到“优秀员工”这一等级。

提供培训或指导

你可能有一名员工，他的性格非常适合目前的工作，他也深受同事的喜爱，但是他却缺乏必要的工作技巧。在星图绩效表上，他得分高的是正确的工作态度，但是工作效率得分却很低。如果他能够提高相关的计算机能力或者获得某项证书；如果他可以读懂损益表，或者对产品有很深的了解，那么他可能成为一名优秀员工。这个问题解决起来相对比较容易。我们可以帮助这名员工获得必要的培训，这样他就可以从潜在优秀员工向优秀员工迈进。

我们和这些潜在优秀员工进行谈话时，应该做到友好而真诚。他们希望有朝一日能够成为优秀员工，但是现在还没有达到这一目标，他们为此感到很烦恼。这些都是好员工。他们拥有许多你认为很重要的态度。那么在他们身上投资时间，把他们打造成真正的组织贡献者，这也恰好符合他们的愿景。

明确对员工的期望值

许多员工缺少的只是自我认识。这是个普遍问题，但是却不能自愈。潜在优秀员工如果曾经自评过自己的工作表现，那么他们通常会认为自己是优秀员工。这可能就是为什么人们愿意永远地窝在潜在优秀员工那一等级最主要的原因。事实上，没有人和他们认真地交谈过，让他们认清这一事实，告诉他们实际上他们所待得那一个“区域”并不是那么棒。更没有人告诉他们具体需要做些什么，才能突破这个“区域”。

曾经有一名 CEO 找到我，要我和他公司的一名高级经理聊一聊。这名经理最近在他的职位上表现欠佳。我把星图绩效表给他看，问他觉得自己应该属于哪一区域。他久久地盯着这张绩效表，然后眼带泪花地告诉我，有时候他觉得自己只是一名潜在优秀员工，而不是一名优秀员工。

然后，这名 CEO 加入到我们的讨论当中。我请他具体地列出，如果要这名经理达到一名优秀员工的水平，那么他需要看到哪些改变。他列出了三个可执行的目标。接着，我问那名经理是否做得到，他斩钉截铁地回答：“可以！”他从来不知道 CEO 对他有这样的期望，现在他知道了，他很有自信可以完成这些目标。几个月后，通过一系列的工作培训，他被评估为优秀员工。几年过去了，这名经理的绩效评估一直都是优秀员工，而且他的工作表现特别出色。

有时候，员工需要的只是一个全新的自我认识，并且清晰地了解公司对他们的期望值，那么他们就能迈进优秀员工这一区域。

调整工作岗位

如果有一名员工卡在潜在优秀员工那一等级，有可能是因为他的个性、技巧，或者智力水平并不适合当前的工作岗位。如果这名员工每天来上班，都是拿着自己的弱势来和别人的优势作比较，那么他工作肯定缺乏动力。一个外向的人如果每天忙于数据输入的工作，那么他的工作满意度也不会很高。无论他的职业操守多么出色，他也不可能跃出潜在优秀员工这一等级。实际上，随着他的自信心慢慢被吞噬，工作态度慢慢被腐蚀，他很可能会在绩效表中更差的区域不断迭更。

如果把一个不喜欢处理人事关系和矛盾的人放在管理的职位上，那么无论他的工作态度如何出色，无论他和公司的价值观有多么的契合，他工作也不会开心。 这需要你采取具体的干预措施，才能帮助他认清自己的定位，并将他调整到一个适合他的岗位，这样才能最大化地发挥他的优势。

我曾经有一名客户，他是一家公司的 CEO。有一次，他将一名表现杰出的优秀员工提升到了高级管理层。因为这名员工的工作态度一直都很棒，工作效率也是稳步上升，同事都很尊敬他。所以每个人都为他的晋升而感到高兴，觉得他这次的晋升真是实至名归。

刚开始几个月，一切似乎也很顺利。但是很快，这名员工的表现就开始偏离优秀员工的水准，慢慢地向其他三个更低的标准偏移。他每天的表现也是令人捉摸不透。有时候他工作的表现堪比优秀员工；有时候他好像是一名工作效率高但态度差的队员（这一点都不符合他的个性）；甚至有些时候他的表现好像属于那种完全不适合公司的员工，让老板认为所托非人。

最后，这名 CEO 找到这名员工，认真地和他进行了一次推心置腹的谈话。这名员工说道，“过去，我很喜欢来上班。我清楚地知道自己要做什么，而且我干得很出色。每个人都喜欢我，我真的很热爱我的工作。但是现在，我觉得压力很大，晚上也睡不着。我过去的那些朋友用一种怀疑的眼光看待我。要做的事情实在太多，我觉得透不过气来。我讨厌这个新岗位中需要处理的那些人事矛盾。”

经过一番协商后，他们达成一致，这名员工又重新回到晋升前的工作岗位。很快，他的表现又重新回到他原来的优秀员工水准，现在大家都很开心。

如何提高潜在优秀员工的工作表现呢？秘诀在于：

- 提供培训或指导。
- 明确对员工的期望值。
- 调整工作岗位。
- 通过谈话，帮助员工认清现实，提高自我意识。

行动步骤

- 判断你的潜在优秀员工是在通往优秀员工的路上，还是作为一名潜在优秀员工舒舒服服地在公司待着，不思进取。

- 每一个季度，为每一名潜在优秀员工布置五个可衡量的任务。每周进行一次集体评估，并加强评估的透明度和责任制。

本章小结

一般，潜在优秀员工可以分成两种类型：第一种，最终会成为优秀员工，但是暂时路过潜在优秀员工这一区域；还有一种类型是，他们开始在潜在优秀员工这一区域待得很安逸。新员工或者年轻员工会处于这一区域的原因，是因为他们在一段时间后，工作才能上手。时间再加上培训，一般就能够解决他们经验不足的问题。这一章节主要讲的是第二种类型：那些安逸地不愿挪窝的人。

他们有六大明显的信号：

- 对工作没有热情。
- 对自我提升不感兴趣。
- 需要他人的支持才能完成最基本的工作职责。
- 不愿意和他人分享信息。
- 关注工作时间，而不是工作效率。
- 努力工作的前提是有奖励。

如何帮助潜在优秀员工变成优秀员工：

- 提供培训或指导。
- 明确对员工的期望值。
- 调整工作岗位。

第十章

止损：处理不适合公司的员工

第一步，组建团队；第二步，为落后员工搭建酷刑室。

——贾罗德·金兹

《非卖书籍》作家

无论你在这行干了多久，无论你的招聘系统多么厉害，总有一天你可能会犯下错误，招聘进来某个不适合你们公司的漏网之鱼。但是健康强大的公司和软弱无力的公司的分水岭就在于：健康的公司会立刻认识到错误，并解决这个问题，然后向前看；然而，软弱的公司会允许这名错误的员工一直在公司待下去，然后进行肆意的破坏，其他所有的优秀员工都会因此受难。

用人不当是大家普遍都会犯的错误，千万不要因为害怕，而不去处理这个问题。我们应该把这个错误纠正过来，从错误中学习，然后将这页翻篇。不要心存侥幸，误以为一切都会好起来。

当我第一次做出重要的雇佣决定时，我还是一家成长型企业的年轻主管。我需要为这家公司的分店招聘一名经理。这家店当时亏损严重，岌岌可危。公司的CEO为了解决这个问题已经是心急如焚。我当时感到很有压力，得赶紧找到解决方案——越快越好。

我们那时还没有招聘体系。于是，我就刊登了一则招工广告，然后开始面试。面试第二个求职者的时候，我觉得自己绝对是挖到了金矿。这名求职者简直是天赐良才——我才面试第二个人呀！我觉得自己真的非常擅长招聘的工作，我就是个招聘天才呀!

他在东部管理过一系列的零售店（据他自己所说）。在他的管理下，公司扭转了亏损的状况，现在已经成为一家盈利能力很强的连锁店。他还给其他公司带来了福音，他那根金手杖轻轻一挥，然后那些亏损的企业就变成高生产力、高利润的“宝石”。

他现在年龄大了，所以想找一些事情做来打发时间。显而易见地，他不需要上班，他不愿谈论薪水，觉得这有损他的地位。但是他觉得高薪酬才能匹配他的身份。我猜想他有可能会把薪水送给那些无家可归的人。

他非常有趣，那么讨人喜欢，他说的话都是我想听的。在我那年轻天真的大脑里，怀疑的警报声丝毫没有响起。我以前也没有认真读过马克•吐温的著作，不然，我应该知道这个家伙简直就像那本《密西西比河上的生活》书中的人物。我们在玩扑克牌的时候，到底谁被骗了，我们一无所知，因为我们自己就是那个容易上当的家伙。

他离开的时候，腼腆地提到他还有下一场面试要去参加。他暗示他可能会接受第一份先提供给他的工作机会。我本来还想去验证一下他的背景，但是那个年代还没有互联网，而且这个任务看起来好像太难。我想了一会儿，觉得他在第二场面试也会获得工作机会。于是，一时冲动之下，我当场拍板就将他招聘进了公司。我感觉棒极了，觉得找到了拯救这家店的救星。而且，我认为自己会因为这一壮举而成为一个传奇人物。

他才在店里待了几天，我就开始从员工那里听到一些奇怪的流言：他没来上班、他对顾客撒谎等。经理助理坦率地告诉我：“我讨厌这个家伙。”她怎么会讨厌我这名 63 岁的秃顶神奇男侠呢？我晚上久久不能入睡，一直在想这次的聘用决定也许是个错误。

幸好，我没等很久就知道了答案。有一天晚上，店里快要打烊，他在办公室里留下一个装钱的袋子。然后，他从商店上面的窗户爬进去，试图从天花板上的T型滑竿走进去偷店里的现金。结果，他从20英尺高的屋顶瓦片上径直掉下来，摔在了水泥地上。店里的警报声顿时响起，后来警察来了，一番调查以后，他被救护车拖走了。他不仅是个罪犯，而且还是个愚蠢的罪犯，但是我却比他还要蠢：我竟然相信了他那个荒唐的故事。我为我的愚蠢感到既生气又难为情，我竟然被一个骗子当成傻子一样耍。

不适合公司的员工的七大特征

如果你正在考虑某位员工是否适合你们公司或者你们公司的文化，以下几点特征将会帮助你做出更清晰的判断：

1. 与公司的正确态度背道而驰。
2. 不在乎这份工作。
3. 充满负能量。
4. 优秀员工对他的评价很差。
5. 他的职业轨迹是不对的。
6. 没有时间观念。
7. 直觉告诉你有什么地方不对。

1. 与公司的正确态度背道而驰

我们可以用这个方法来判断这名员工是否适合我们的公司。这个方法既可靠，又客观。虽然大多数人都可以掌握新技能，提高工作能力，但是很少有人能够改变指导自己行为的最基本的价值和观念。

正如第三章所述，找到公司正确态度的方法之一就是：当有人违背这条工作态度时，你会感到怒火中烧。低绩效的员工身上是否有某种行为让你特别生气？如果你感到愤怒，但是让你生气的原因并不是“人非圣贤，孰能无过”的那种一般人都会犯的错误，那么就需要引起重视。如果他与公司的态度持续不断地背道而驰，并且不能（或者不愿意）做出改变，那么你手上的这名员工很可能就是需要你留心的不适合公司的员工。

2. 不在乎这份工作

这可以表现在多个方面，比如：他在社交媒体上消耗过多的时间；公司繁忙时期，他总是遇到“紧急情况”需要请假；他经常有一些奇奇怪怪的疾病缠身，并且总是在不合时宜的时间段发作；他总是在长假后需要多请一天假。

不适合公司的员工一般还患有“这不属于我的职责范围”综合征，这也是很好的诊断工具之一。除了他严格界定的那些工作职责以外，只要让他完成任何需要额外努力的事情都很困难。可能是因为这违反了他需要平衡工作和生活的原则，所以他觉得无法接受。这种毛病还有另一种原因，他担心会把自己能力不足的一面暴露给其他人。与其被同事发现他能力欠缺，不如袖手旁观，不去帮忙。

3. 充满负能量

如果有人在工作场所四处散播尖酸刻薄的言论，即使这些评论和你的公司或者工作无关，这也是一个不好的迹象。如果一个人总是说他前雇主的坏话，或者一个男人总是唠唠叨叨地说他老婆如何不听话，对于他们身边的人来说都很痛苦。更别提哪一天当你成了他的前老板，你同样也会成为他抱怨的对象。

这种负面的评论还包括抱怨天气、政府、汽油税、虚假且受人操纵的格莱美奖人选程序、顾客太难伺候，以及其他各种各样他不能掌控的事情。

负面情绪是一种选择。正如流感那样，它会传染。我们可不想其他的人都感染流感。一旦有一例这样的负面案例，很快它就会在公司肆虐，然后会导致公司出现流感大爆发。我们应该在病情还没发展成瘟疫之前，就将它遏制住。

4. 优秀员工对他的评价很差

表面看来，用“差评”来判断一个人的工作情况，似乎过于主观。但是如果这些负面评论来自于你所信任的员工，你就需要留心一下这些消息。不要让自己过于卷入这个“过程”，让事态自然地发展。坏消息总是传得很快，如果这些差评来源很可靠，那么亲自到现场，进一步观察一下，从而判断事情的真伪。

作为老板，你总是最后一个才听说这些消息。所以如果已经传到了你这里，那么意味着这在公司已经传了有一段时间，现在可能已经是人尽皆知。

5. 他的职业轨迹是不对的

依我个人经验来看，我们可以迅速地勾勒出新进员工以后的发展轨道。一般情况下，在第一周或第二周，我们就可以判断出员工是否适合我们的企业。如果一切都感觉很合适，那么你拥有了一名“胜利者”。他可能经验不足，而且还没有解决什么真正的问题，但是你知道，如果再积累一些经验，再增长一些知识，那么他肯定行。

如果评估的员工不是新进员工，而是已经在工作岗位上干了一段时间的人员，那么我们可以再观察一下他的职业发展轨迹。是上升呢？还是止步不前呢？还是下行呢？如果是上升，那么他在这个岗位上将会干得越来越出色，他的工作态度将会越来越积极，而且他将会以更高地水平为公司做贡献，他将会变得越来越有价值。如果他的发展轨迹是止步不前的，也就是他的工作表现还比较令人满意，但是并没有太多的上升空间。他会准时上班，并且完成自己的工作，但是你看不到他未来有更多的发展。如果他显示出下行的发展轨迹，他的工作表现和工作态度一直在走下坡路，那么这就是个问题。

我在为企业领导做评估的时候，只需观察一下他们过去的职业轨迹，就很容易比较精准地预测他们一年、三年，或者五年以后的发展情况。因为一般来说，这条发展轨迹会一直延续下去。除非发生某些无法预料的灾祸，其实每个人的未来已经谱写好了。他们过去养成的那些好习惯，未来将会继续帮助他们取得成功。那些处于上行轨道的人将会愈加优秀，他们的事业将会蒸蒸日上；那些处于平行轨道的人，他们的未来和现在不会有太大的变化；至于那些处于下行轨道的人，与现在相比，五年后他们将会每况愈下。有了这些简单的诊断结果，一名顾问的工作也变得不再是那么困难。

6. 没有时间观念

在超市买东西结账时，你有没有发现自己排错了队。那名收银员和你前面的顾客谈得不亦乐乎，问他今天过得开不开心等等。聊天不结束，他手上的结账工作就停止不动。如果你有过类似的经历，那么你就能明白面对此类员工时候的那种挫败感。

“嘴巴和手必须同时工作。”我和孩子们在收拾碗筷的时候，这样告诉他们，“如果做不到这点，那么嘴巴就应该停止说话。”

不适合公司的员工对这种世俗的事情，比如时间观念和生产力等完全不在乎。他们生活在自己的童话世界里，那里没有时间节点，只有彩虹和独角兽。但是如果想要在星图绩效表的横轴（工作效率）上得到更高的分数，那么你必须要有一定的时间观念和紧迫感。

7. 直觉告诉你有什么地方不对

为什么当你公司新进了一名优秀员工，你不需要在心里说服自己这个决定是正确的？很显然，因为他们的工作表现很杰出，他们不需要一名啦啦队员来鼓舞士气！反而言之，如果你发现你需要不停地去尽力说服自己以及其他人：这名新进员工未来将会胜任这个工作，那么你可能在自欺欺人。

我特别相信“听从自己的直觉”。直觉判断并不是因为今天心情不大好，而随意任性、妄自做出地判断。直觉判断是一种基于多年的个人经验而培养出来的良好的判断力，这个场景让你想起了某个类似的、你听说过的、读过的、亲自经历过的事情。直觉判断就是你的内心潜意识将成百上千个关联联系在一起，转化成一种真实的感觉，一个你应该认真倾听的内心的声音。它让你明白“你以前看过这部电影”，而且你知道这个影片一般会有怎样的结局。

如果直觉告诉你有什么地方不对劲，通常，真的是因为有什么地方不对。不要忽视你内心的那个声音。

采取措施处理不适合公司的员工

想一想公司那些错聘的员工——他们永远处于绩效表中最差的那一区域。现在我们再来回想一下高中生物课上学过的寄生虫。一只寄生虫会牢牢地依附在宿主身上，吸取它所需要的营养。但是它不会将宿主所有的养分吸干，不然宿主会死亡，那它也活不久。寄生虫需要保持连绵不断的营养供给。也许宿主一直觉得很疲惫，但是只要不丧命，这段寄生关系就不会中止。寄生虫从不给予，它们只会不断索取。

同样地，永远地待在“不适合公司”那一区域的员工也不关心你。他们只在乎自己，他们才不会主动割断他们和宿主之间的关系，即与你的关系。如需改变的话，那么应由你来采取主动。

直接沟通

有一些不适合公司的员工可能并不是寄生虫，他们可能是因为一些其他的原因而漂移进了这一区域。在过去，你肯定也见过他们表现不错的时候。如果他们愿意的话，也可以做得很好。这些人需要你的帮助或者干预，才能走向正轨，朝着更高的评估等级迈进。

通常，从未有人指出过他们不良的表现。但是，这种氛围其实对大家都不好，不仅对领导者和公司不利，对于其他员工而言更是不公平。如果一名不适合公司的员工并不知道自己的评估成绩最差，那么他也不会有机会正视这些问题，这些问题也得不到解决。

我有个客户，他觉得有名员工就是个雇佣错误，这名员工的工作表现和工作态度都很糟糕。谈到这名员工时，他的愤怒溢于言表。我听着他数落这名员工，说她在公司的工作表现一直不佳，长达十几年之久。

他讲完后，我问道，“你有没有就像和我说的那样，向这名员工友好地但清楚地表达你的不满？”“当然没说这么多，但是我相信她明白我的意思。”“你怎么知道她明白呢？”我问道。“因为每天上午她来上班，我都会对她怒目而视呀。”他回答道。

我觉得，这么含蓄的绩效评估，她可能没懂。

帮助员工进行自我认知

错聘的员工之所以在公司待了这么长时间，原因有很多种。通常，他们感觉自己干得还不错。

《哈佛商业评论》引用一个有趣的案例，来说明表现不佳的员工是如何评价自己工作表现的：“如果人们不具备出色完成工作的能力，同样，他们也不具备准确评估自己工作表现的能力……因为这是一种‘双重诅咒’，他们意识不到自己的实力其实很差……我们应该教会表现不佳的员工如何有逻辑地思考问题，让他们认清自己的错误，减小他们的自评成绩和真实工作表现之间的差距。”

“现实咨询师”的工作就是帮助人们超越自身对事情的感知，清楚地认清现实。作为领导，你需要不时地戴上这顶“帽子”，应当对这项工作驾轻就熟。当一个人不能够正确地认清现实，那么这种认知差异早晚要崩塌，“现实咨询师”的工作就是帮助当事人以及公司减少这种“认知崩塌”可能带来的伤害。自我认知与真实世界之间的差距越大，那么最后的崩塌就越大。

想一想婚姻当中的这种认知差异。比如，丈夫婚前背了高额的债务。但是，因为他担心把未来的妻子吓跑，所以婚前只字不提。随着时间慢慢地过去，债务的雪球也越滚越大，他越发不敢把这个秘密告诉妻子。但是，他的妻子终有一天会发现这个秘密。她终会不小心发现银行的余额，或者收到债主的催款单，或者收到通知，他们需要把房子卖掉抵债。最后，在她发现的那一刻，现实在她面前轰然倒塌。

这种认知和现实之间的差异会导致婚姻出现裂痕。而在工作中，这种差异会带来严重的人力问题。如果你公司有一名员工觉得自己能力超群，但是周遭的人却不是这样想的，这通常都会以悲剧收场。这种认知差异一般会延续很久，但是最终会结束。当结局来临，不管对谁而言，通常都是代价惨重、凌乱不堪、令人窘困。一个坏的开头，只会导致更糟糕的结局。

杰克·韦尔奇有一句名言："袒护表现不佳的员工，常常会带来事与愿违的后果。"最后，现实终会撞破虚假的认知，而你的职责就是推进这个过程，并在它带来破坏性的、痛苦的后果之前，将它处理好。

制定战略方案

有时候，换掉错聘的员工，最重要的就是找对时机。这好比在制定打仗计划，战争迫在眉睫，如果你够聪明，那么你会采取主动，让自己来决定战争的时间和地点，而不是等到被他人胁迫，或者被自己的情绪控制时仓促参战，陷入被动的局面。

相反，我们应该制定多管齐下的退场策略，并考虑以下战略性的问题：

- 你有没有获得最好的相关法律建议？
- 谁将和这名员工进行"现实谈话"作为警告？
- 如何加强"责任制"，从而发现落后员工的行为，并给他改正的机会呢？

• 对你以及这名员工而言，什么时候才是进行岗位交接的最佳时机？

• 你知道有谁可以顶替他这个岗位吗？

现在就开始头脑风暴，想想未来哪些人可以替代这名错聘员工，成为你企业的新星员工？

止损

如果和这名员工进行了多次面谈，帮助他认清事实，并给予了多次警告，但是他仍旧没有任何改变，那么我们就应该采取严厉的措施。如果继续放任下去，无论对你、你的公司、其他的同事，或者对他自己，这都不公平。

止损是领导工作最主要的职责之一。我们接下来看一看，如果已经确定这名员工不适合你们公司，但是仍旧对他不作为，从长远来看，会给公司带来哪些严重的后果？

招错员工的成本

放弃聘错的员工固然令人伤心，但是这个决定并不困难。如果继续聘用他，公司将会付出惨重的代价。事实上，有研究表明：错聘员工的成本远比你想象中的要高。

如果他是名销售代表，那么聘用他的成本将是他们基础年薪的 3 倍；如果是经理，那么成本高达 15 倍；如果是高级主管，那么代价将会高达 30 倍。这个成本听起来是不是很高昂？即使真实的数据只有一半，或者四分之一，这个代价依然太大。我们来看一看有哪些大大小小的成本费用：

- 解聘这名员工需要支付的遣散费以及精神损失费。
- 招聘广告的费用。
- 审核求职者的简历以及给他们面试的费用。
- 新员工入职培训的费用。
- 驱走优秀员工或者导致优秀员工离职。
- 大大小小的工作失误。
- 因为工作不力而错失的销售良机。
- 驱走的优质顾客，或者在岗位交替时，流失的顾客。
- 耗费你的情感和精力，分散你的注意力而使你错失的机会。
- 恶性循环。

不适合公司的员工在公司待得时间越久，堆积的成本费用就越高。这么长的一段时间内，他们的工作表现一直很差，但是他们同样还领着公司的薪水！反而言之，如果公司的每个关键职位都由优秀的队员担任，那么他们实现的利润额将会是其他公司的数倍。

优秀的公司文化和劣质的公司文化的基本差异

让不适合公司的员工继续留在公司，最大的成本就是对公司文化带来的伤害。优秀的企业文化指的是，优秀员工表现杰出，他们拥有着共同的正确态度；劣质的公司文化指的是，公司容忍糟糕的员工，并放任他们将不正确的态度传染给其他员工。

如果优秀员工、潜在优秀员工，与不适合公司的员工、工作效率高但态度差的员工一起工作，那么表现更优秀的员工就会做出这样的判断：世界上毫无公平可言。工作态度不对、工作表现不行不会有什么不良的后果，反正工资待遇都是一样的。他们就会觉得没有必要全力以赴，因为最终这没有什么意义。不论是杰出的表现还是劣质的表现，结果都一样。所以他们得出这样一个结论，或许这个结论是对的，因为管理层对员工的表现漠不关心，毫不在意。

最后，你是觉得落后员工会追上其他优秀员工的水平，还是优秀员工会降到落后员工的水平呢？如果你的答案是前者，那么再想一次。大多数情况下，事实恰好相反。因为优秀员工觉得反正不存在公平，努力和态度，一律都不重要，于是，他们的工作表现也开始下滑。最后，有些人甚至会跌到最劣质员工的水平。还有一些优秀员工，一旦获得其他工作机会（因为大家都想要优秀员工），他们就会转投公司的竞争对手。

那么，我们应该怎样处理不适合公司的员工呢？人事秘诀包括：

• 和他们进行“认清事实的谈话”。

• 采取适当的措施。

行动步骤

• 不要限制于“控制链”制度。我们应该向每一个级别的员工询问他们的工作表现，并询问他们对改善公司有什么好的建议。

• 用业界的最高水准作为公司的标杆，并且反思一下，公司的员工与业界最优秀公司的员工相比，差异在哪里。

• 写下需要进行“现实谈话”的员工名字，并定好谈话日期。

• 针对公司错误招聘的员工，制定多管齐下的劝退策略。

本章小结

每个人都会犯下雇佣错误。但是聪明的公司能够马上认识到问题，并且迅速地加以解决。一名不适合公司的员工身上有以下这些明确的标志：

1. 与公司的正确态度背道而驰。

2. 不在乎这份工作。

3. 充满负能量。

4. 优秀员工对他的评价很差。

5. 他的职业轨迹是不对的。

6. 没有时间观念。

7. 直觉告诉你有什么地方不对。

我和成百上千个公司合作过，各行各业都有。我发现根据错聘员工的职位不同，他们给公司带来的损失是他们年薪的 2 倍到 20 倍。我还发现，如果公司的每个重要职位都由优秀队员担任，那么公司的利润额将会是其他公司的 3 倍。

优秀的公司文化无法容忍劣质队员，而劣质的公司文化则放任劣质员工。有时候你需要戴上“现实咨询师”的帽子，友好而坚定地让落后员工认清现实，为他们提供改进的机会。

淘汰不适合公司的员工固然令人伤心，但这不是一个艰难的决定。

第十一章
改变：领导效率高但态度差的员工

CEO 每天都在不停地讲文化，但是员工都知道谁是公司的混蛋，他们甚至可以把名字告诉你。

——杰克·韦尔奇（Jack Welch）
通用电气的 CEO

绩效图中最难处理的是处于D级的员工。相比之下，其他三级员工管理起来比较容易。我们应该尽力留住优秀员工，进一步开发潜在的优秀员工。这都容易实现。至于错聘的不适合公司的员工，他们的工作态度和你大相径庭，工作表现不尽人意，显而易见，我们应该将他们淘汰。要下这个决定，固然令人不快，但是并不艰难。

但是，我们应该如何处理那些业绩出色（很多情况下，他们的工作效率真的很高），但是工作态度差的员工呢？事实上，他们可能和同事格格不入。工作效率高但态度差的员工通常都具有非常独特的、甚至是无可替代的工作技能。他们的工作技能越是独特，那么他们的潜能就越大。我们怎么能失去这名员工呢？

我想你的脑海里多次闪过炒掉他们的念头。他们故意和公司的正确态度背道而驰，让身边的人感到筋疲力尽，甚至想到他们都让你感到疲惫。每次发生工作矛盾，工作效率高但工作态度差的员工都会处于冲突的中心。他们高声大喊自己是无辜的，或者一语不发地坐在那里生闷气。

你无法全心全意地信任他们。如果用宠物来比喻的话，工作效率高但态度差的员工就像猫，而不像狗。狗很忠诚，对主人充满爱意。但是猫就不同。虽然有时候你也希望得到猫咪的爱意，但是你一直怀疑他们之所以还留在你身边，是因为你给他们喂食。如果你中断食物供应，或是有其他人为它们提供更好的食物，那么你再也不会听到它们的消息。

工作效率高但态度差的员工就像雇佣兵：一切为钱而战；他们也能够为敌国或敌对阵营效力；他们毫无忠诚可言，可以随意地改变阵营。他们参战的目的只是为了自己和金钱奖励，并不是因为他们相信你所从事的事业。并且，你还怀疑尽管你付给他们薪酬，在他们身上投资，而且还在其他的队员面前为他们辩护，但是他们可能还是会投身敌对阵营。

工作效率高但态度差的员工的四大特征

甄别这一等级的员工并不难，但是有几点明确的特征需要你多加留心。（这个清单并不详尽，但是在那些带给你麻烦的员工身上，你可能会找到这些特征。）

1. 削弱你的威信，破坏你的事业。
2. 喜欢挑事。
3. 只为自己考虑。
4. 表现出愚蠢的行为。

1. 削弱你的威信，破坏你的事业

我们孩子还小的时候，我和妻子使用一个词来描述孩子们那些

若隐若现的叛逆行为。他们的叛逆表现得不是那么明显，我们无法一下子就指出，因此我们把这种行为称作“微观叛逆”。

我最小的女儿3岁的时候，常常会因为犯一些小错而惹怒妈妈。于是，我的妻子罚她自己待在小床里，然后离开房间，让她独自反思几分钟。这样让她自己意识到错误的严重性，得到教训后，变得更听话。

惩罚大概过了两分钟，我妻子忙不迭地招手让我来女儿门口偷听。我的小女儿不愿惹上更大的麻烦，但是又想清楚地向我们表达她的不高兴，于是她不停地大声叫嚷：“我恨你，漂亮妈妈！”

这就是工作效率高但态度差的员工经常表现出来的行为。他们并不想要最后的对决，但是你会感受到他们对你的这种不尊重（或者对同事的不尊重），他们表达委婉，但是毋庸置疑。你能强烈地感觉到，即使他们表现很出色，但是他们却一直在破坏你尽力想要塑造的文化。

事实上，一些人从叛逆中获得快感。有时候，这是一种不成熟的表现；但是还有一种情况，这可能代表了一种独立自主的个性。如果在合适的环境下，这将会是一笔非常重要的财富。这些人应该（或许他们真的在）考虑自己创业。

许多知名的CEO都会是可怕的雇员。你觉得让乔布斯来做你的生产部主管会怎么样？作为一名雇员，他会古怪难搞、蛮横无理、强硬固执、很难对付，简直就是糟糕透顶。但是作为CEO，他却可以为公司赚取百亿利润。

2. 喜欢挑事

工作效率高但态度差的员工喜欢挑起夸张的、激烈的、吐口水般的那种内讧斗争，就像中学班上的那些坏孩子，他们的个性很糟糕。这种世纪大混战满足了他们最基本的社会需求；他们想要证明自己很重要。他们的目标就是获得关注，不管是好的还是不好的关注，只要有人注意到他们就好。

对于一些人来说，这些戏剧化的争吵等同于某种亲密。只要你足够在意，愿意卷入他复杂的、令人不快的世界，他就很开心。他错误地认为这是一种与人靠近的方式。“最伤心的人，最会伤别人的心。”有时候，身处痛苦的人很喜欢给别人带来痛苦，因为这可以让他们暂时忘却自己的悲惨境遇。

正如萧伯纳所说，“我早就知道，别和猪较劲，你会被弄脏的。而且，猪喜欢你和它较劲。”争吵很费精力，每天观看他们上演的戏剧也让人厌烦，这会让一种不信任、不安全的氛围在整个公司蔓延开来。

3. 只为自己考虑

哥白尼革命颠覆了我们的传统思维，人类第一次意识到太阳系的中心不是地球，而是太阳。工作效率高但态度差的员工就需要这种哥白尼似的思维革新，因为他们有着一种错误的观念：世界只围着他一个人转。

工作效率高但态度差的员工不成熟，他们缺乏从其他人的角度来看待问题的能力。如果他们和同事起了冲突，他们就认为同事人不好。

而且，他们总是把自己的利益放在第一位。比如获得更好的报酬，或者像“庄园领主”一样对自己的领地有绝对的控制权。为了捍卫自己的利益，他们将会不择手段。

4. 表现出愚蠢的行为

工作效率高但态度差的员工出现白痴般的愚蠢错误很正常，而且简直是花样百出，我们可以用许多冒犯意味的形容词来描述他们这种无耻的行为，比如：欺凌骚扰行径；说出伤人的、讽刺性的或者粗俗的、令人毛骨悚然的粗鄙言论；为了证明自己的观点，表现得像个彻头彻尾的混蛋；耍性子、发脾气或者干脆三缄其口，几天都不和别人说话等等。

我们用“愚蠢行径”来囊括他们那些“琳琅满目”的疯狂怪异举止。比如那个家伙喜欢穿露骨的、逼真的色情“玩笑”T恤，色迷迷地看办公室的女同事，或者和女同事开色情玩笑。有个家伙为了维护自己的“领导”地位，不放过任何一个恐吓新人的机会。有位女士喜欢“悄悄地”把和她竞争的同事推到前面做替罪羊，一遍又一遍地陷害对方。还有个家伙会写一些诡异的、令人不安的诗，留给他的同事去发现。这些都是真人真事。这种例子举不胜举，当你遇到，就明白了。

与不适合公司的员工一样，工作效率高但态度差的员工缺乏正确的自我意识。虽然他们有可能感觉到周围的人对他们的表现并不满意，但是在他们的内心深处，他们对自己的评价是极高的。他们认为自己的工作表现堪称登峰造极。如果没有他们，公司就幸存不下去。他们绝不会想到自己可能会被公司炒掉。这就是他们为什么这么随意地践踏公司文化，而不受到任何惩罚的原因。他们知道，至少他们以为自己是不可取代的。

采取措施处理工作效率高但态度差的员工

我们需要给他们机会去改变自己的工作态度。我们可以温和而又坚定地向他们表达清楚，让他们意识到这种行为是错误的。

我以前合作过的一个客户，他公司有一位员工工作效率很高，但是工作态度却很差。虽然在某些方面，他的工作表现非常好，甚至可以说非常出色，但是我的客户却受够了他那趾高气扬、高人一等的态度，以至于想将他开除。

我问这名领导他是否曾向员工清楚地解释：为什么他的绩效评估成绩是工作效率高但态度差呢？他是否曾向这名员工表明：如果他不能（或者不愿意）改变的话，会有什么后果？他回答："是的，我已经和他说过多次。"但是，他还是让我找这名员工做最后一次面谈，看看还有没有挽救的可能。大多数的领导都不愿意开除员工。

于是，我们坐下来。我问这名员工，他自己觉得应该处于星图绩效表的哪个位置。他指向绩效表的右上角，也就是说，他觉得自己才华横溢，没有任何需要改进的地方。

我建议他深吸一口气，然后给他看雇主对他的绩效评估。给员工反馈评价结果可以将老板的意思准确地传达给员工。这就是星图绩效表的重要价值之一。这名员工当时大吃一惊。接着，我问他是否愿意继续留在公司，是否愿意为了提升到优秀员工这一等级，而做出一切必要的努力。他表达了想要继续留下来的强烈意愿，并且信誓旦旦地做出会努力的承诺。

然后，我又问他知不知道自己身上存在哪种行为，导致他的考核成绩不高。他想了一会，然后不确定地回答："可能是因为我受不了那些笨蛋吧！"于是，我问他："你指的是，当你遇到不喜欢的人，就会变得傲慢无礼而难以相处吗？”他停顿了片刻，然后笑起来，他承认这点。

最后，我们达成一致，共同找出他身上存在哪些行为问题，导致他在绩效考核中属于工作效率高但态度差这一等级。并且，我们还为他制定了明确的改进方案，以帮助他晋升到优秀员工这一等级。第一步（他自己想出来的办法）：他给每个和他打交道的部门送一些家里烘焙的饼干，并向他们表示歉意，询问他们自己应该做些什么，以提高工作质量。

最后的谈话一般都难落实，但是上一次我去看这个家伙，他还留在那家公司。至于那位领导呢，以前他想要辞退这名员工，现在为了留住这名员工，他正忙着进行头脑风暴。

帮助他们认清现实

在第十章，我们讨论如何给不适合公司的员工提供建议，帮助他们认清现实。同样，这种方法也适用于工作效率高但态度差的员工。简而言之，你需要向他阐明两件事情：（1）现实情况，（2）他对现实的错误认知。随着时间的流逝，现实和自我认知之间的差距会越来越大，那么最终的崩塌也会越大。身为领导，你的职责就是：在崩塌来临之前，尽量缩小现实情况与员工的错误认知之间的差距，从而减少对其他员工带来的间接伤害。

但是，处理工作效率高但态度差的员工，还有一点建议：你必须明明白白地向他们指出，他们这种行为是不能容忍的。

根据他们态度，为他们提供必要的培训

如果一个人拥有正确的态度、智力水平和个性，再加上适当的培训和指导，他几乎可以掌握一切技能。但是，要改变一个人的态度，却是非常困难的，除非这个人很年轻或者很善学。

为了让工作效率高但态度差的员工改变他们的不良行为，我认为我们可以采取震慑的手段。反正也没有什么可损失的，因为星图绩效表中处于下半区域的员工在组织里面不会有什么长期的发展，那为什么不给他们一个改变自己的机会呢？

我曾经和一个医疗机构合作，他们有一名专业技能极强的医师，他在这家机构的位置基本无可替代。世界上拥有他这种专业技能的医生屈指可数，但是这个家伙对身边的人非常刻薄。他一直要当房间里最聪明的那个人，他把后勤人员当作仆人一般，呼来喝去。他总是摆出高人一等的样子，粗鲁无礼。他进入房间后，里面的“氧气”都被他吸干了。

有一天，医院的董事找到这名医师，向他描述他这种行为已经影响到了整个机构。这名医生大吃一惊，他从来没有意识到这一点。之后又有两名后勤员工和他进行面谈，说道：正因为他，他们的生活变得无比辛苦。其中一名女士还哭了起来。通过接下来的一些培训，这名医师真正地感到悔意。他当面向其他人道歉，并保证自己会痛改前非。

我一直认为要让工作效率高但态度差的员工直视自己的行为，让他们了解自己的行为会对身边的人造成什么样的影响。你可能会惊讶地发现，他其实比你想象中的更加关心他人。

着手考虑接替人选

如果警告和培训都不起作用，那么下一步就是尽量将工作效率高但态度差的员工和其他的同事隔离开来。他们可能也觉得单独工作反而效果最佳。这种个性的员工一般更喜欢独自工作，可能是因为这种天才，普通人很难理解，所以尽量减少他和团队的互动。虽然这并不是最佳方案，但是这个权宜之计可以暂时为你争取一点时间。

尽可能地话，开始记录他们的工作。知识就是力量。如果所有的知识只存于他的脑袋，那么你拿他或者他的不良行为没办法。你可能不了解他到底做了什么很奏效，但是你可以将他所掌握的知识付诸书面文件。这样，如果未来需要有人顶替他的职位，那么其他人可以顺利接手。

最后，开始寻找其他人选，以便未来某天有人能够代替工作效率高但工作态度差的员工。正如拿破仑所说，“每个人都可以被代替，只有墓地上的人才不能被取代。”一定有某个人正好拥有你所需要的态度、技能和知识，所以趁早开始寻找吧。

在看行业杂志时，参加商展时，或者在其他行业遇到杰出的人选时，要多加留意。如果你已经用尽了办法，但还是没有起色，那么终有一天你会遇到一名合适的员工。你需要做的就是密切关注其他人选。

帮助无法醒悟的员工有尊严地离场

大多数情况下，工作效率高但态度差的员工永远也不能醒悟。最后，他们或者自行离职，或者被迫离职。虽然你用尽全力进行干预，去挽救他们，但结果还是如此。下次再聘用新员工的时候，切记：学习技能要比改变态度容易得多。

当最后一刻来临，在没有他人旁观的时候，请他们离场，让他们保有尊严地离场。立场要坚定，态度要友好，姿态要大方。不要和他们争吵，或者训斥他们做得不对。遵循法务给我们的建议，履行我们应尽的义务，对他们所做的贡献表示感谢，并祝福他们未来一切顺利。如果 8 分钟之内，你还没有结束这一切，那么你在这项工作上花的时间就太长了。

工作效率高但态度差的领导

沟通问题是每个处于成长期的公司都会面临的最大挑战，没人愿意向工作效率高但态度差的领导谈论沟通的问题。一旦沟通出现障碍，信任就失去了；一旦失去信任，那么文化建设基本就结束了。

让工作效率高但态度差的员工当上领导，他会创立一种“寡头管理”的文化，他手下那群和他性格类似的主管将会开始对员工进行暴虐统治。如此一来，最优秀的员工同样也会离开。

生活太短暂，实在没有必要为工作态度差的领导或者他的跟班工作。最终，他们给单位带来的伤害将会远远高于他们带来的益处。

我们应该如何对待这些“无可替代”的，工作效率高但态度差的员工呢？

1. 与他们直接沟通，并且充当他们的“现实顾问”。

2. 如果他们愿意改变，为他们提供适当的培训。

3. 将他们隔离起来，并且开始培养接替人选。

4. 如果他们不能够（或者不愿意）改进，那么帮助他们保有尊严地离场。

行动步骤

• 估算一下花费在工作效率高但态度差的员工身上的实际成本。因为他们流失了多少顾客？他们犯的错误增加了多少成本费用？如果不用应付他们，你可以多完成多少工作？

• 如果一名优秀员工离职，那么在他离开公司的时候，和他面谈，找到他离职的原因，以确保不是因为工作效率高但态度差的员工而导致他们离开公司。

• 为公司的关键职位培养替代人选。密切关注优秀的人才，谈判时最大的筹码就是有能力离场。如果你有其他备选的方案，那么就可以随时抽身。

• 再次聘用员工的时候，需要更仔细谨慎，更慢一些。依我的经验来看，领导者们通常将他们 75% 的时间都耗费在非优秀员工身上，而花在雇佣新员工的时间仅占了 2%。如果我们在聘用新员工之前，多花一点时间进行审查，那么未来我们花在非优秀员工身上的时间将会大幅缩短。

本章小结

要解聘工作效率高但态度差的员工，这个决定并不容易，因为他真的非常擅长自己的本职工作，而且工作效率很高。但是另一方面，他就像一名雇佣兵，你无法信任他，而且无论是对你，还是其他与他共事的人，他的态度都很恶劣。

工作效率高，但是工作态度差的员工有四大明确信号：

1. 削弱你的威信，破坏你的事业。

2. 喜欢挑事。

3. 只为自己考虑。

4. 表现出愚蠢的行为。

当工作效率高但态度差的员工被提拔到领导的职位，那就是一个灾难。因为人们不信任他，不愿意跟他吐露真言，所以这就导致了沟通的断裂。如果他一直待在领导职位上，那么在他的领导下，和他一样效率高但态度差的下属们就会学习和他同样的行事方式。这样一来，公司优秀的人才可能就会流失。

第十二章

学习：从育儿经中学习领导技能

我从不打小孩，我只会让他穿着贾斯汀·比伯T恤和洞洞鞋去上学，这样其他的小孩就会替我揍他。

——亚当·桑德勒（Adam Sandler）

美国喜剧优秀和演员

不止一个客户向我提过，他们的公司就像一个家庭。事实确实如此，而且相似的地方还不止一处。身为四个孩子的爸爸，我可以这样说，员工和家人有许多相同之处，比如他们会互相打小报告；争抢玩具；大大小小争吵不断，一会儿吵得不可开交，一会儿又烟消云散，然后马上又开始吵得热火朝天；他们会抱怨工作量分配不公；工作只完成一半；给父母带来无数的担心害怕等等。

家庭和企业在积极的方面也有很多共通之处。同样，大家为了抵御共同的敌人，能够团结一致；大家能够一起分享欢笑，互助友爱；大家学会接受对方的不同，尊重个性差异；随着日益成熟长大，他们学会群策群力，携手努力。对于父母来说，这就是他们最大的回报。

父母口里讲的都是自己的孩子,心里想得都是如何把孩子带好。公司的领导对待他们的员工也是这样的。世上最难做好的两件事就是育儿和团队领导。同样的道理，就像养孩子一样，并不是每个人都适合做领导。以下八条育儿方法同样也适用于团队管理。

八条可用于团队领导的育儿法则

1. 只有规矩，但是缺乏恰当的亲子关系，会引发叛逆行为。
2. 权力和威信截然不同。
3. 规矩不要立得过多，但是立了规矩，就要坚持执行。
4. 保持一致。
5. 过于严厉或过于宽松的父母都养育不出最优秀的孩子。
6. 书面表扬，口头批评。
7. 考虑他们现有的水平，而不是你希望他们达到的水平。
8. 定好基调，剩下的一切就会水到渠成。

1. 只有规矩，但是缺乏恰当的亲子关系，会引发叛逆行为

聪明的父母都知道，如果缺少良好的亲子关系，给孩子定规矩效果并不大，只会让他们变得更加暴躁叛逆。

同样，这些聪明的父母也知道，父母和孩子之间牢固的关系是建立在互相尊重的基础上，而且亲子关系要设定界限。我们的目的并不是要和孩子建立平辈的关系。我们不会向孩子吐露成年人的问题。我们有自己年龄相仿的朋友。小孩也不应该把我们当作最主要的友情来源，同样你的目的也不是从孩子身上获得友情。

建立在这种基础上的亲子关系才是最令人满意的关系。一旦孩子长大了，他们可以赢得与你平起平坐的权利，但是当他们还小的时候，这种平等关系是不存在的。你的孩子可以结识很多的朋友，但是他们的爸爸妈妈却只有一个。

老板员工之间的关系和亲子关系也有许多异曲同工之妙。员工可以有很多的同事，但是他只有一个老板。如果你和员工的关系过

于亲密，当你想立规矩的时候，反而会引发他们的抵触情绪。领导的工作就是和员工建立平辈以上的关系。至于更亲密的友情，我们应该从别处获得。当然，如果某一天你的雇员（像你长大的孩子一样）加入了领导的行列，他的职位与你相当，那么你们之间的关系也会发生改变。现在最重要的问题是："我是否和这名员工走得太近，以至于我觉得不方便指出他的错误？"如果这个问题让你感到不安，那么你可能和员工的关系真的过于亲近。

2．权力和威信截然不同

在教导孩子的时候，我们经常会使用父母手中的权力。"不行，对不起，今天你不可以再看电视。"或者"不行，对不起，你不可以去那个人家里过夜。"孩子想这样做，但是父母却不同意，于是我们就使用父母的权力，强迫孩子听话。许多雇主在管理的时候，也经常仅仅依靠强权这个单一的工具。毫无疑问，这个工具很好用，但是一名高效的领导不会只依靠权力。

我三十几岁的时候，有两位我曾服务过的领导让我印象深刻。其中一位领导强大、有影响力，他指挥有效，并且非常善于运用威信的力量；而另一位领导软弱无力，他的领导效率很低，他主要依靠强权来达到目的。两位领导都教会我许多关于领导能力的道理，他们都让我记忆深刻。

马克是一名真正的领袖，他对组织有着无与伦比的热情，他对事业无比热爱。但是他很谦逊，不把自己当回事。他乐于自嘲，愿意倾听各种不同的意见。他采取的策略就是为雇员制定目标，然后给员工提供培训指导，从而帮助他们自己找到方法来实现目标。

有时候，马克也会运用领导的权力，他会说，“不行，因为我是老板，我说了算。”但是这种情况很少见。大多数时候，人们愿意跟随马克的领导，因为马克很真诚，他关心每一位员工，他的价值观、职业道德都赢得了大家的尊重。因此，他也培养出了许多领导。虽然马克已经有20多年没有做我的领导，但是他对我的影响依然很大。我和马克一直保持着联系，而且我经常寻求他的意见和指导。

另一位领导乔告诉我，他有两个最重要的激励员工的工具：恐惧和责任制。他的策略是：明确对员工的要求，然后在公开场合大声地宣告，如果没有达到他的要求，会有什么样的后果。开会时，他公开点名，把员工骂得狗血淋头。他喜欢大家都在场的情况下解聘员工，他声音洪亮，整个楼里的人都听得见，这样每个人都明白他的标准可不是虚设的。

只要乔吩咐下来，大家就吓得像老鼠一样慌忙地做事。人们对他唯命是从，没有人敢违抗他的命令，没人敢反对他的计划。如果谁让乔不高兴，就会吓得立刻向乔不停地道歉。乔的策略很有效，但这只限于他在房间的时候。只要他一转身离开，人们就开始尖酸刻薄地对乔进行谩骂。自欺欺人而又可怜的乔以为自己是“真男人”。但是实际上，没人尊重他，大家都瞧不起他。

用权力来管理会造成一种虚假的和谐，这是一种“假象”。除了独裁者以外，其他所有人都知道这一点。因为大家不敢公开反抗，所以大家就在暗地里抗议。有一次，一艘运往客户的货物被盗了。这次盗窃事件后来发展到不可收拾的地步。所有的员工和老客户都在背后说乔的坏话，这进一步削弱了他的权力。每位员工联手破坏乔的计划。

然后，乔就这样离开了公司。他被老板解雇了。大家没有给他开欢送会，后来我也再没有听说过他。这就是生硬地使用权力所导致的后果。尽管它能够帮助我们迅速地达到目标，但是这会削弱领导和雇员之间的关系。强权会使员工的忠诚度下降，而且还会损害公司积极正面的文化，它对人造成的改变也不会持续很久。只要哪一天你脱去了领导的外衣，失去了领导的权力，那么你就再也不能强迫人们按照你的意愿行事，权力的力量就消失了。

权力和威信之间最重要的区别在于：

权力	威信
削弱关系	让关系变得更牢固
来源于领导职位或者头衔	来源于领导的个性
强迫员工服从	培养忠诚度并获得尊敬
导致员工抱怨	将员工培养成能够自我管理、有责任心的贡献者
形成“狗咬狗”的氛围	营造协同合作的工作环境
只要你还在领导的位置上，领导的权力就能够强迫人们按照你的命令行事	影响力可以持续一生

权力，再加上威信，才能帮助我们打造想要的公司文化。聪明的领导明白权力要建立在尊重的基础上。

3．规矩不要立得过多，但是立了规矩，就要坚持执行

在家庭里，我们不可能为一切都订立标准，但是有几条规矩是不可以打折扣的。如果有人违反了这些重要标准，父母就必须采取行动。如果不这样做的话，那么家里的文化就会开始被慢慢腐蚀，最终将会变得难以收拾。我们家的规矩包括：

- 尊重——互相尊重、尊重陌生人以及尊重我们的财产。
- 勤劳工作——如果家里有人很懒散，那么就会出现问题。
- 有信仰。

你们家的规矩可能和我们家的规矩不尽相同。但是我们都需要知道：有些规则需要明确说明，有些规矩不用说大家都明白。还有一种情况，这些规则可能并不适用，但是只要我们坚持执行下去，那么家人就明白哪些行为是可行的，哪些界限是不可以跨越的。

在公司里，规矩可以有多种定义，比如核心价值观、指导原则、规章制度、员工守则、正确的态度等。怎么称呼并不重要，重要的是规矩要明确，并且能在企业里坚持贯彻下去。

4．保持一致

健康的家庭为孩子设定界限，让孩子知道哪些行为是可以做的，哪些行为是不允许的。执行时需要保持一致。如果一个人违背了某个正确态度而遭受惩罚，而另一个人犯了同样的错却没有受到任何惩罚，那么最终对谁都无益处，包括那个逃脱惩罚的人。

在公司里，如果违反规则的人免受惩罚，那么他们自己以及身边其他人的胆子就会变得越来越大。很快，公司明文规定的正确态度就会成为一纸空文，毫无执行力。最关键的一点就是要保持一致。

5．过于严厉或过于宽松的父母都养育不出最优秀的孩子

在我事业早期，我曾做过青少年和他们父母的牧师。所以我有机会观察到育儿风格对孩子的长期发展有着深远的影响。我也见过一些令人迷惑不解的例子：有一些孩子非常优秀，但是他们却来自于那种看似最差的家庭。有趣的是，有些家庭非常棒，养出的孩子却令人讨厌。一般，他们的父母可以分成两种类型：专制型父母和溺爱型父母。

专制型父母

在专制型的家庭里，孩子就像活在中世纪那个年代。城堡里的国王和王后决定一切，可怜的臣民们却生活在水深火热当中。通常，实施铁血统治的那个人是家里的父亲。

专制型的父母最想要达到的结果就是孩子听话，并且尊重父母。在专制型的家庭里，孩子的一切都由父母安排好了。这种家庭有个特点，父母经常发脾气，或者大声训斥孩子。这种微观管理加上严厉的管理方法养出的孩子一般都脾气暴躁。这些孩子到了青少年期就会变得非常叛逆，表现出许多不良行为。

在一些案例中，有些孩子在20几岁终于开始懂事，他们和家人的关系也得以和解。在另外一些案例中，叛逆的小孩长大后成为叛逆的成年人，一辈子都无法康复。令人讽刺的是，虽然这些父母获得了孩子暂时的顺从，但是他们永远也得不到他们想要的那种尊重。

溺爱型父母

这种类型的父母希望自己在孩子的心目中“很酷”，他们希望孩子能够喜欢自己，所以孩子在家里做什么事情都可以。有些青少年甚至还获得父母的允许，尝试参与危险甚至非法的活动，比如尝

试性行为、毒品，以及酒精等。

这些孩子可以自己决定一切，比如想看什么就看什么，想读什么就读什么，想吃什么就吃什么，想穿什么就穿什么。他们有随意交友的自由，以及随意参加任何一种派对的自由。只要他们愿意，他们可以用各种不尊重的口气和父母说话。

这些孩子一般进入青少年期就会开始失控，因为即使是青少年，也需要界限。这些孩子可能会养成各种不良的习惯，有些严重的，可能会跟随他们一辈子，比如染上毒瘾，破裂的感情问题，以及成为不称职的父母等等。（其实，孩子们并不觉得溺爱型的父母很酷，他们也并不喜欢这样的父母。反而，孩子们厌恶软弱的父母，就像对待门口的地垫一样，他们任意地在父母身上作威作福。）

企业也是如此。严厉的、专制型的领导会激发员工的叛逆，带来各种不良的行为，还会失去员工的尊重。但是过于宽松的、溺爱型的领导者也会引发混乱。

6．书面表扬，口头批评

如果对孩子有一些负面的评价，千万不要用书面表达。一旦孩子收到书面批评，那么这个他可以保留一辈子。他可以反复多次地观看，当时他所感受的伤害以及悲痛的情绪会不断被唤起，一直提醒他，这些伤人的话是多么不公平、多么不合理。

如果要表扬的话，那么可以写下来。书面表扬可以起到强化作用，孩子们可以一遍一遍地重温这些赞美的话语。这既可以强化孩子的优良品质，同时也可以让他想起围绕在他身边的爱和支持。

公司中也同样如此。

7. 考虑他们现有的水平，而不是你希望他们达到的水平

我爸爸是挪威人，他超级棒，擅长很多事情，但是他却不是一名优秀的导师或者培训师。因为他缺乏必要的耐心，而且总是高估了孩子——也就是我做基础手工活的的天赋能力。他每次现场指导我做木工时，大概就是这样的：

爸爸：“特雷弗，把那个递给我！”

特雷弗：“什么？是这个吗？”

爸爸（嘲笑地）：“不，不是那个，是另外一个。”

特雷弗（不确定地举起一个工具）：“你指的是这个吗？”

爸爸（一边用手指着，一边生气地挥舞着）：“不是！是那边的！那个东西！”

特雷弗（畏畏缩缩地举起另一个工具）：“你指的是这个吗？”

爸爸（被我的愚蠢惊呆了）：“过来，别挡我的路！我自己来找！”

一项复杂的工作，至少需要一年才能真正地掌握。如果六个月内他们已经学会了百分之六十，那么他们可能干得还不赖。深吸一口气，想一想你投入了多少个小时才达到今日的水平。做一名导师，需要多一点的耐心。

8. 定好基调，剩下的一切就会水到渠成

在孩子小的时候，我们需要为他们定好正确的基调。一开始的时候，他们可能还需要我们的管教，但是一旦我们建立了界限明确的亲子关系，给孩子定好规矩，并且始终保持一致，让规矩在家里坚持贯彻下去，那么剩下的一切就很简单。你不需要经常惩罚孩子。他在家里会感到很安全。他明白有哪些规则，他知道应该怎么去做。

公司管理也是一样。

我有个客户管理着一家生产企业。他和他的团队确定好公司的基调后，员工们都能够严格地遵循公司的核心价值。其中一条就是“竭尽全力完成工作”。所以，公司的整体氛围都非常积极，每位员工的工作态度都乐观向上。

有一天，我朋友的公司缺少人手。于是，另一家联营公司派来了两名工作人员来帮忙。他们的公司文化和我朋友的完全不同，他们容忍员工懒散的工作态度以及平庸的工作表现。第一个工作人员还没有撑到早上茶歇就离开了，第二个干了几天也走了，因为这里工作实在太辛苦。

这两位员工回到自己的公司后，跟其他同事讲，这次经历太可怕了，他们发誓再也不会回去。这个消息传到我客户的耳朵里，他欢呼道：“我太开心了！因为我们创造的公司，只有最优秀的员工才愿意为我们工作！”

健康的公司文化会吸引最优秀的人才，驱走非优秀的人员。

行动步骤

• 评估团队关系。你和员工的关系是否过于友善，以至于你不好意思指正他们的错误行为？如果是这样的话，需要进行适当地调整。

• 问问自己，有没有员工离开公司后，还来询问你的意见？如果没有的话，那么我们需要更加努力地去赢得员工的尊重。多运用威信，而非仅用权力。

• 如果这名员工值得赞扬，那么真诚地写下几句简短地表扬，这会让他们未来几个月都充满干劲。

• 列出你为了获得今日的成就而学会的各种技能，并将这些技能一一传授给他人。切记，掌握这些技能需要时间。

本章小结

1. 只有规矩，但是缺少恰当的关系，会引发叛逆行为。员工们可以有很多朋友，但是老板只有一个。不要混淆你们之间的关系，这容易让他们失望。

2. 权力和威信截然不同。权力强迫下属服从，它会削弱关系；但是威信有助于培养员工的忠诚度，它会使关系更牢固。

3. 规矩不要立得过多，但是立了规矩，就要坚持执行。将规矩明确化，然后每个人都需严格遵循。

4. 保持一致。不允许有差别化对待，不允许有人不遵守规矩。

5. 过于严厉以及过于宽松的父母都养不出最优秀的孩子。过于严厉的雇主会引起反抗，而过于溺爱的雇主会引发混乱。找到中间路线，才能取得最佳效果。

6. 书面表扬，口头批评。用书面形式批评员工，未来几年他都可能会记得当时感受到的伤痛。用书面形式表扬员工，可以起到强化作用，不仅能够增强他的自信心，还可以让他的思想认识得到进一步的提高。

7. 考虑他们现有的水平，而不是你希望他们达到的水平。不要指望新进员工能和你一样理解商业的运行。想想你花了多少工夫才取得今天的成就。以他们的现有水平为起点，开启你的导师之旅吧。

8. 定好基调，剩下的一切就会水到渠成。明确好规矩，就不需要太多的管教。

第十三章

培训：成为更好的高绩效教练

训练的内容不仅是攻和守，好的教练一定要赢得选手的心。他首先得相信自己的球员能赢。

——比尔·科特尼（Bill Courtney）

足球教练、电影导演以及企业家

下面这则小故事从反面证明了教练的重要性，给我们起到警示的作用：

凯文是名拼抢凶狠的年轻冰球运动员。他打了几年的球，球技也不错，但是随着第一次选拔赛的逼近，他感到很紧张。预赛上，他全力以赴并成功入选，他感到激动万分。第一天，他满怀热情地来到球场训练，心里还带着些许紧张。他很开心能够加入这么棒的一支球队，同时，他也知道今天需要拿出亮眼的表现。

这一天，发生的很多事情都出乎他的意料。他来到球场参加训练，发现虽然一些球员的球技很好，但是还有很多球员不仅球技不怎么样，而且脾气暴躁、难以相处。他们牢骚满腹，不停地抱怨其他球队的球服更好，训练也更轻松等等。但是没有人重视这个问题。每个人上场出战的时间是一模一样的，等到休息时间，教练在更衣室里也是不置可否。

凯文的第一场比赛也让他很意外。他们队里的防守球员竟然把球打进了对手的球网，这让凯文感到太羞愧了。更让他震惊的是，教练竟然没有注意到。同样，教练也没有注意到凯文在防守的时候上演帽子戏法，他3次将球踢进对方球门，这也是凯文的个人最高纪录。球队里的几个好朋友向他贺喜，可是那时教练并不在赛场，所以根本就不知道。显然，后来也没有人告诉他这件事，所以教练对凯文的出色表现只字未提。

赛季结束的时候，凯文完全被球队搞糊涂了。球队里最优秀的两名球员也离开了，换到了另一家更好的球队。替代他们的是两名球技平庸的球员。整个赛季，凯文一直怀疑他是否适合冰球运动，甚至，他开始怀疑自己是否适合任何一种运动项目。

差教练就是能够产生这么巨大的破坏作用。

现在我们来看一些顶级教练的例子。你可能听说过穆罕默德·阿里，但你可能听都没有听说过他的教练乔·马丁。如果没有乔·马丁的话，阿里不可能卫冕。同样的还有绿湾包装工队和隆巴迪、芝加哥公牛队和禅师杰克森、菲尔普斯和他的教练鲍曼。

作为一个不可替代的角色，教练指导不仅能对优秀球员的进步起到促进作用，而且还可以促进他们的职业发展。如果训练得当，可能不需要花五年，也许只需五个月，甚至五周就能使他的球技取得飞跃的进展。简而言之，教练作用很大。实际上，没有优秀的教练，任何一个团队或者一个队员都无法变得出类拔萃。

传统的绩效评估没有用的原因

一年一度的绩效考核制度，在很多公司依然在使用。但我可以很负责任地说，这种考核制度受到领导和员工的一致厌恶。大家都很反感这种绩效考核，于是拖延很长时间才将它做完。

对于领导而言，这会耗费他们大量的时间精力，而且整个过程可能充满了令人不快的矛盾冲突。可是他的脑海里仿佛有一位商业教授对他说，好的领导都要做考核。出于负罪感，大多数的领导只好进行绩效评估。对于员工来说，这张成绩报告单一年一次，毫无意义，甚至和薪酬待遇也不挂钩。只要一想到考核，员工们就手掌出汗嘴巴发干。绩效考核还有一个最丑陋的用途，就是作为不用支付遣散费就可以解聘员工的依据。

现在，老一套的绩效评估制度不仅很低效，而且也是摇摇欲坠。绩效考核应该以结果为导向，以提高员工的绩效水平，并创立一种人人争做优秀员工的文化。

成功教练的两大要素

你即使不踢球，应该也明白教练的作用是巨大的。成功的教练具备两大特征：会关心；有标准。

关心

想想 20 岁之前，哪些人对你有着深远的影响力？他们是不是对你很关心？答案当然是肯定的。培训员工，如果目的是为了教训他，那么没必要开始。这种培训一般其效甚微。如果你不喜欢他，同样的道理，这种培训可能也不会产生显著的效果。

如果这个人你不喜欢，那么你很容易只关注到他身上的负面特征。其实受培训的人也感觉得到，这将会使得他的自信受损，他的表现也会受到影响。他的表现日益下降，这恰好又向你证明你一开始的判断是正确的。因为感受到你的“雷达”正对着他的缺点，他的自信心将会受到进一步的打击，最后他的表现更是一落千丈。

如果你不相信自信心会影响一个人的工作表现，那么我们来看看泰格·伍兹的例子。泰格·伍兹，世界排名第一的高尔夫巨星，曾经战无不胜。因为一连串的偷腥事件和许多情妇的曝光，他被迫向公众做出屈辱性的道歉，最终他的婚姻也以离婚告终。接下来几年内，伍兹在球场的表现都极其不稳定。在我写这本书的时候，他的世界排名已经下降到 992 名。

不妨问问自己，是不是因为自己总是预想最坏的结果，所以才导致事态朝着最坏的情况发展。你是出自关心，还是因为受够了，才去关注一个员工的不良表现。如果他感受到你对他的失望，这也会影响他的表现。你预想的失败最终成为自我实现的预言。因为在潜意识里面，你所做的一切都促使了失败的到来。在进行面谈之前，首先要改变自己的态度。你的职责是一名职业顾问以及教练，而教练需要付出关心。

标准

身为领导人和教练，你必须坚持高标准，不允许打折扣。

每个曾在你的生活中留下重要印记的人可能都使用过这个方程式：真诚的关心 + 高标准，他们可能是你的某位老师、教练、老板或者父母。首先，他们要求你做到你从未想过你能做到的事情。然后，他们向你表明，他们对你有高要求是希望你成为最好的自己。一切都是为你好，因为他们在乎！这种软硬结合的方式就如绝妙的肥沃土壤，有助于年轻领导者健康成长。

青少年时期，我在一家农场找到一份工作。身为城市长大的小孩，我对重要的生活道理一无所知。我不仅没有任何工作技能，而且还有点懒。虽然我以前也做过一些杂活，但这还是我第一次为敬职敬业的老板工作。他要求员工忠于职守、恪守承诺、尽职尽责。

一天，老板吉姆说他要出去办事，让我独自将工作完成：无论我做什么，一定要确保将马车上的草卸下来，搬进马厩里后，才能回家。我首先在店里开心地做了一些零碎的事情，店里又舒服又凉爽，收音机里还播放着音乐。做完了这些后，我才不情不愿地开始把干草堆起来。

夏日炎炎，在阁楼里堆干草是件很苦的工作。那里非常热，而且灰尘满天。灰尘会黏到汗上；当脏兮兮的汗水流进眼睛里，眼睛会生疼生疼。草捆压在身上很重，而且有时候，草捆刺过裤子，戳得腿发疼。又热、又脏、又痒、又刺人、浑身是汗、满身是灰——这样的一份工作，对于一个自以为是的城市小孩而言，真的和我梦想的工作相差甚远。

于是，打烊的时间一到，虽然工作只完成了一半，草捆传送带的一头靠在马厩上，一头还搁在只卸载了一半的马车上，我就开开心心地脱下手套，准备收工回家。

回到家后，我吃好饭，早已把工作的事情抛到脑后。我正在房间里悠闲地玩着，突然电话铃响了。爸爸接的电话。当他告诉我，吉姆打电话找我，要立刻和我谈话时，我的心情一沉。吉姆少言寡语，我们的对话大概是这个样子：

吉姆："今天我离开农场的时候，跟你说了什么？"

我："嗯？我没有……"

吉姆："我告诉你卸载马车上的草捆。你干完了？"

我：“啊，嗯，有趣的是……”

吉姆：“现在马上出来，我们把活做完，一开始就应该干完。”

于是，我跨上脏兮兮的自行车，黑灯瞎火地骑到了农场。吉姆在马车那里等我。我们一语不发地把剩余的干草卸载到运输带上，然后装进阁楼里。接着，吉姆说道：“坐。”

他开始对我一通训斥。他绝不会容忍我这种懒散的工作态度。从那以后，我干活的时候，不能走着，必须跑着。我必须完成老板命令的所有工作，做到至善至美，而且不许抱怨。

我情绪很低落，为自己的行为感到很羞愧。但是接着吉姆话语一转，开始谈及他对我很关心，他相信我未来不会仅限于在农场干活，我定会有大好前程。但是，首先我得修正自己的工作态度，务必赶快修正。话音未落，他又问我愿不愿意倾尽全力、全心全意地将农场的工作干好。我激情澎湃、真心真意地回答：“我愿意！”

接下来的每个暑假，我都在吉姆的农场打工。我的职业精神就是在那里养成的。为了将工作做好，只做到尽力还不够，我要全力以赴，力求卓越。吉姆因为关心我，才对我有高标准。为了我好，他才毫不迟疑地要求我达到这些高标准，他相信我的能力超出我想象。对我来说，这不仅是一份工作，这次经历还为我将来的工作生活奠定了基石。

只有关心，没有标准，就等同于混乱。只有标准，没有关心，就等同于叛逆。但是关心，再加上清晰的标准要求，就为员工打造了一个好的环境，使他们能够健康地发展，让他们实现自己都从未想过的目标。

指导和沟通的作用

公司没有为员工提供培训的义务，法律并不要求我们这样做。如果不进行培训，生意还是照样运行下去，但是我们为什么还要在培训上投资时间呢？坦率地说，因为进行指导和沟通的方法真的有效，其作用包括：

定期提供反馈

80 后出生的员工，他们习惯一切都要获得即时反馈。作为一名 70 后，我使用了脸书两个月后，就将它删除。因为我发现这就像一份兼职工作，我需要对各种图片、请求，以及海量的网上信息立即做出回复。

我最近听说有一个“Snapsure”软件，它可以让你为试穿的衣服拍照。你在试衣间把照片发给朋友后，你的朋友可以立刻给你回复，建议你买还是不买。

年轻人习惯即时反馈，他们上传照片、对 YouTube 的视频添加评论，或是评论网上的新闻故事等等。

如果公司招聘了新员工，等他工作了一年才开展绩效评估，这种延迟反馈已经不再那么有效。

给予“现实建议”

我们都有盲点，而现实顾问可以帮助我们认识到自身存在的问题。他们友善而又清楚地让我们提高对现实的认识。他们提供的这种服务极有价值。当现实和对现实的认知发生偏差时，公司就会出现人力问题。这个问题在非优秀员工身上，即星图绩效表中下半区域的员工身上最为普遍。通常，优秀员工对自己的评价会略低一点，而实力最差的员工对自己的评价会更高。讽刺地是，公司最先考虑淘汰的员工，反而觉得公司离了他就不能运转。

现实顾问找员工进行面谈，真诚友好地为他们提供评价，帮助他们发现自身的优势以及需要提升的领域。突破自己的舒适区，我们才能得到成长，我们的能力才能得以提升。青少年成长的时候会有生长痛。同样，无论我们想在任何领域获得突破（公众演讲、健身、道歉、换新工作或者搬到陌生的环境），都会让我们感到不舒服。现实伤人，但是有了对自身的进一步认识，我们才能够变得更优秀。

给予鼓舞

如果你是一名要求严格的领导，你可能很少赞赏员工。教练指导以及沟通机制的另一大用处就在于，每次培训课结束后，优秀员工都会感到倍受鼓舞。

一名真正的星级员工会全身心投入，保持优秀员工的成绩。你的认可为他带来了无上的荣誉感。他会认真地对待你提的改进建议。得到你的赞赏，表现优秀的员工会愈加敬业。

建立联系

这名员工与你共事多年，但是你们的谈话也许从未涉及他心中认为最重要的内容。虽然你们每天都在一起工作，但是你们的关系还是停留在肤浅的层面。

单维度的关系包括互发短信或者邮件，这种方式仅用于传递信息数据。双维度的关系里，我们可以打电话，听到对方的声音；或者视频，看见对方的脸。而三维度的关系包括一起坐在一间房里，面对面地交谈。

但是，即使是面对面的工作关系也缺乏一定的深度。如果员工觉得自己的上级领导了解自己，那么他的工作投入度就会更高。也就是说，领导需要花时间去了解员工的职业规划，他们在职业道路上遇到了什么障碍，以及员工最喜欢和最不喜欢工作的哪一方面等等。这些问题都会在指导和沟通中得以解决。

给予职业建议和辅导

正确的指导和沟通让你有机会去回馈帮助他人，为他们提供建议，并且与他们分享自己的经历。以下有两种简单的方法：

首先，将你为了取得今日的成就，所掌握的技巧以及学到的教训列一个清单。与你培训的员工分享这一清单，并一一进行探讨。

第二，面谈时，询问他有没有遇到什么问题。然后进行探讨，并将你自己在职业道路上所积累的知识经验与他分享。

有时候，领导也需要一名教练

作为领导者，你也不能幸免。和其他人一样，你也有盲点，也需要一名现实顾问。没有人能无所不知，这并不是什么问题。刚开始的时候，每个人都是门外汉，没有人天生就会领导他人。这既是一门艺术，也是一种技巧，需要不断地学习和提高。你要敢于承认这一点，并寻求教练的帮助，无论是收费的，还是免费的。教练的指导和沟通使你有机会从教练那里获得建议，从而得到进一步的发展。

寻求现实建议

最近，我和商业上的两个好朋友一起去墨西哥。路上大部分的时间里，我们都在讨论对方身上的盲点——即在别人眼里显而易见，但是自己却视而不见的缺点。我们轮流进行。我毫无保留但是友好地指出我所看到的他们身上的盲点。接着他们互相指出对方的缺点。这个阶段对我而言很容易。

现在轮到我自己。我比他们都要年长一点。而且，我经常开展性格和自我认识方面的研讨会。身为一名培训师，我觉得自己已无“死角”。我并不是说自己是十全十美，但在很早以前，我就将自己身上的盲点清除了一遍，所以，我理所当然地认为自己没什么缺点。

他们开始列举我身上的盲点，我当时感觉就像穆罕默德•阿里在接受教练乔•马丁的“倚绳战术”培训，他们一拳一拳向我进攻，而我则尽力将身上的重要器官护住。原来我还有那么多需要改进的地方。我虚心地一一记下，保证回去后要学习控制个性中那些负面思维，以免它们影响别人对我的信任。

我回到家后告诉妻子，每个人都应该有一次这样的经历。虽然这个过程让我疼得龇牙咧嘴，但是带给我的效用是无价的。当然，他们说得都非常正确。你们身边有没有这样的朋友，可以和你进行这样的练习？如果有的话，寻求他们的建议吧！

洞悉别有用心的员工

大多数员工不了解当老板有多么不容易。当老板走进办公室，发现很多事情早已传得沸沸扬扬，但是自己却一无所知。这件事已经是人尽皆知，但老板总是最后一个才知道。

老板永远不能确定谁是自己的“朋友”，因为大家都对他有所图谋。老板手中掌握着他们的薪水、福利待遇、晋升机会、公司地位等等。到底谁可以信任呢？

作为老板，你需要特别留意这三种个性的员工：

1. 推卸责任的高手。

2. 巧言令色的政客。

3. 阿谀奉承的高手。

1. 推卸责任的高手

推卸责任是指遇到问题时，把责任推到别人身上，以维护自己的利益。这种事情在政界常有发生。比如，一名政客出轨，或者花费太过奢侈被曝光，帮他推卸责任的幕僚就会想出一个说辞，尽量淡化处理这次事件，巧妙地将责任从政客的身上化解开来，转向别的地方。工作中，“推卸责任的高手”也会采用类似的手段。他们关起门来谈话，尽最大努力来篡改这个故事。

2. 巧言令色的政客

有些人特别擅长造谣中伤、巧言令色的伎俩。其中一些人会想办法进入你的团队。如果在你上班的地方，人们巧言令色以找到联盟，打击敌人以推进自己的事业发展，那你就明白办公室里有这个问题。这种办公室内斗特别低效，因为大家把时间、精力、财力都用来耍这些手段。这既不会提高客户的服务质量，也不会创造任何价值。这只会让公司文化令人厌恶。相反地，一个健康的公司文化，大家可以畅所欲言，实事求是，做到一切从公司的利益出发。

3. 阿谀奉承的高手

老板也是人，也需要鼓励。于是，阿谀奉承的高手就会利用老板这一弱点。典型的做法就是：奉承老板，以掩盖自己能力的不足。我们都遇过这样的人。他们抓住一切机会讨好老板、唯唯诺诺、阿谀奉承。公司里每个人都知道他，都瞧不起他。但是一些老板却听信了这些爱拍马屁的家伙，从而失去团队的其他队员的尊重。

和大多数的人一样，老板也想获得别人的喜爱，得到别人的赞赏。这使得老板更容易受到巧言令色、阿谀奉承的人影响。人性本能的驱使，加上老板做出的决策必须对公司有利，但是有可能会得罪某些团队成员，因此这最容易在公司里催生钩心斗角的情况。

作为领导者，有几种方法可以帮助你远离推卸责任、巧言令色，以及阿谀奉承的高手。首先，在公司外部找到你信任的教练或导师，既可以是公司雇佣的教练，也可以是你认识且尊重的人，你偶尔找他喝喝咖啡，他可以客观地为你提供意见和指导。第二，尽可能地召开小组会议。喜欢巧言令色和阿谀奉承的员工特别讨厌小组会议，因为虽然老板可能受到他们的蒙骗，但是同事和下属们却不会被他们糊弄。同样的道理，他们在小组会议里，更不容易施展权术手段。

行动步骤

- 找两个你最信任的朋友，让他们指出你的优点以及盲点。
- 问一下自己，对于表现不佳的员工，你是否需要承担部分责任。你是否伤害了他们的自信心，导致他们开始“螺旋式下降”。
- 停止使用电邮作为培训工具。真正的交流必须要面对面，而电邮只是传递信息数据的一种方法。

• 召开小组会议，让喜欢推卸责任、巧言令色、阿谀奉承的员工难以施展他们的诡计手段。

本章小结

传统的员工绩效评估更像一张成绩单，而不是一种培训工具，因为不常使用，所以效果并不大。只有包含这两大要素，教练指导才会起到作用：

• 关心。只有你真的关心，真的想提供帮助，教练指导才会有效。如果你只是想教训受训者，这种培训只是浪费时间。

• 标准。对员工必须要坚持高标准和高期望值，不能打折，指令要清晰。

如果只有关心，没有标准，那么别人会认为你软弱无力且领导无方。如果有标准，但是你并不关心员工，那么别人会认为你唯利是图，你的声音也不会有太大的影响力。但是如果将关心和标准有机地结合在一起，那么你将会打造一个非常好的环境，正处于成长期的领导者在这里会得到茁壮的成长。

为什么我们要采用教练指导、沟通机制呢？法律并没有作此要求。公司没有它照样运行。为什么要这样做？原因在于：

• 提供定期的反馈。员工们（尤其是年轻的员工）生活在一个即时反馈的年代。他们期望得到即时的反馈，如果缺少了它，他们会变得萎靡不振，表现不佳。

• 提供“现实建议”。我们每个人都有盲点——即自己发现不了的缺点，“现实建议”能够帮助员工提高对自我的认识。

• 给予鼓舞。严格的领导经常忘记赞扬和鼓励员工。教练指导、沟通的方法使他们有机会赞赏和鼓励自己领导的团队。

• 建立联系。即使你们整天在一起工作，但是谈话中可能并没有涉及员工最重视的内容，所以并没有起到激励团队的作用。教练指导、沟通的方法可以让大家有机会进行这种讨论。

• 给予职业建议和指导。采用教练指导以及沟通的方法，你可以有机会将你所积累的知识传递给他人，帮助他们成长为更优秀的员工和更卓越的人。

你也需要一名教练！教练能够为你提供现实建议，指出你的盲点，并为你提供一个安全的地方来讨论生意上的问题。教练还可以帮助你远离：

• 推卸责任的高手：他们遇到问题时总喜欢推卸责任，常常把责任推到别人身上。

• 巧言令色的政客：他们常常巧言令色，从而赢得同盟，打击敌人以推进自己的职业发展。

• 阿谀奉承的高手：他们利用老板也需要得到别人的肯定支持这一点，对老板阿谀奉承，这可能会损害老板在团队里的公信度。

第十四章

影响：善用指导和沟通对团队进行领导

教练的职责就是告诉你你不想要听的东西，让你了解你不想了解的东西，但是他同样也让你成为你一直知道自己能够成为的那个人。

——兰德利（Tom Landry）

美国国家橄榄球联盟最有创造力的教练

未战先赢。

在开始指导和沟通之前，你需要对其基本的理念有一个清楚的认识。与培训者沟通的时候，整个过程需要自始至终贯穿这个理念。遵循它，就能成功，否则就会失败。

• 人们信任那些喜欢自己、为自己好的人。

• 如果一个人认为你在反对他，那么他就不会信任你，并且也不会相信你说的话。

• 除非人们感到被理解，不然永远不会改变。

• 每个人看待事情的方式都是："我能从中得到什么好处？"

在你对员工进行指导和沟通之前，问问自己，你觉得他怎么样？你喜欢他吗？你是真的想帮助他吗，还是想找到他的错处？如果你不是真心想帮忙，那么这是浪费时间，因为教练指导不会产生积极的效果。如果你不是真心为他着想，你的话他根本听不进去。

认知和现实进行碰撞，现实总会输。

可能你真的是为他着想，但是他却感觉你在刁难他，那么你需要清楚地加以说明。我总是在一开始就让受训者知道，我是他的职业拥护者。我没有暗示，我用语言清清楚楚地向他表明。我想要他取得成功，这就是我找他谈话的目的。除非你真诚地想要帮助他，除非他对此深信不疑，否则效果不大。

按照规定，一次教练指导和沟通过程大概需要花 25 分钟。如果你第一次使用教练指导和沟通这一方法，可能花的时间还要稍微长一点。但是一旦你掌握技巧，那么这并不是一个沉重、严肃的任务，只是花一点时间，对员工进行一次指导和沟通而已。如下表：

指导和沟通

名字：________________　　　　　日期：_________

1. 这个季度有哪些工作进行得很顺利？有哪些工作可以做得更好？

2. 展开谈话时可供选择的话题：

你会如何做：

- 你开心吗？
- 找到工作的意义了吗？
- 全心全意地投入工作了吗？
- 建立积极的关系了吗？
- 设定明确的目标了吗？
- 有哪些方面你可以做出改变？
- 你的职业目标是什么？

续表

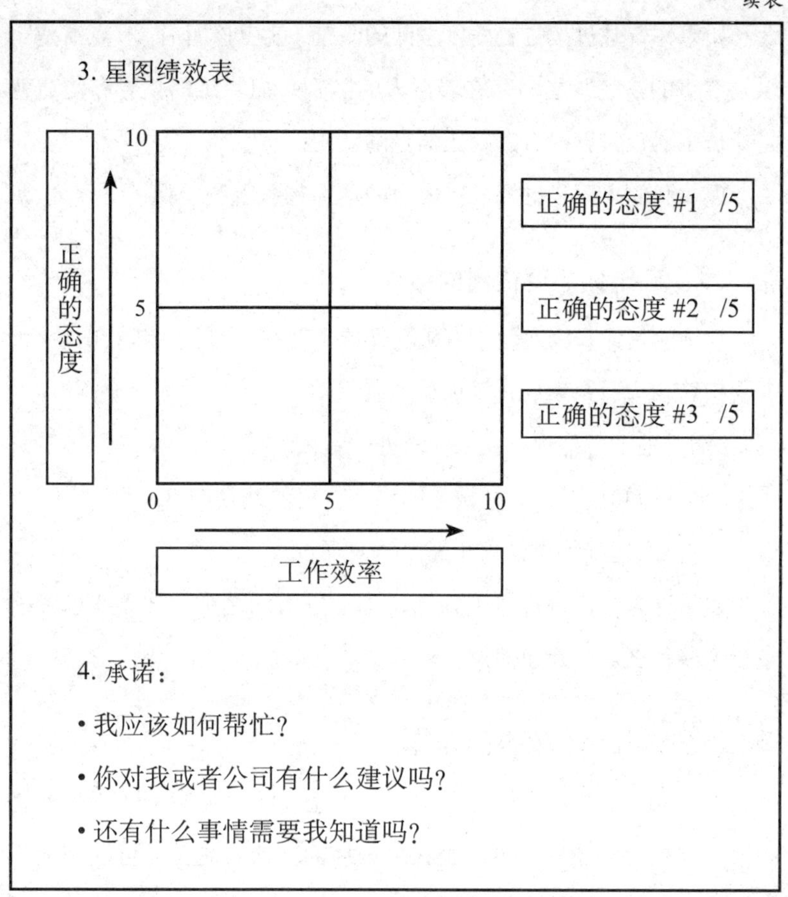

3. 星图绩效表

4. 承诺：

- 我应该如何帮忙？
- 你对我或者公司有什么建议吗？
- 还有什么事情需要我知道吗？

成功的指导和沟通

和你以前使用的绩效评估工具相比，教练的指导和沟通方法看起来好像只是一个基本框架。但是它的目的就是：使对话者之间建立积极的关系；让员工对未来的工作做出承诺；和员工访谈，帮助他认清现实情况。每次教练指导、沟通结束后，员工应正确无误、一清二楚地了解自己在公司的绩效表现。

如果你曾戴过按过去的度数配的眼镜，就应该明白“有点清楚”以及“真的清楚”之间存在着巨大的区别。而教练的指导和沟通就是让员工对现实情况有着真正清楚的认识。

现在我们来逐步讲解一次成功的培训包含哪些步骤：

第一步：确定你想要达到的结果

教练的指导和沟通使你有机会开展平时很少有机会进行的谈话。一次指导和沟通结束后，受训员工应该：

- 清楚地了解他现在在公司所处的绩效等级。
- 准确地知道应该怎样做才能提高自己的绩效产出。
- 有信心达到工作要求和公司的期望。

如果这是一次高难度的谈话，那么进房间之前，你需要思考一下要说些什么，以及如何说。

第二步：选择一个安全的环境

安全的环境指的是一个代表中立的地方，这意味着教练没有处在一个“权力高位”。不要坐在桌子后面，或者是领导可以完全掌控的地方。同时，这也意味着要具备一定的私密性，你们的谈话不用担心被人偷听。一般情况下，安全的地方可以是会议室、咖啡厅，甚至户外的野餐桌等等。发挥你的想象力。

向这名员工保证，你不会将谈话的内容告诉其他同事，所以他可以自由地畅所欲言。让他放松，有安全感。

第三步：让他说

员工在听你说话之前，应该先“倒空自己”。如果面谈一开始由你先说话，那么他可能听不进你要谈的内容。按照表格来操作，你会发现很简单。首先问他，“这个季度有哪些工作进行得很顺利？有哪些工作可以做得更好？”

教练的指导和沟通表上，有一栏是可供你选择的展开谈话的话题。如果这名员工话不多，或者某个话题卡壳了，那么你可以从这栏挑选一到两个问题，来激起对方的兴趣。如果受训者不开口说话，那么这次的指导和沟通就不算真正地开始。

主动的问题和被动的问题截然不同。主动的问题是指回答者需要为他的行动承担某种程度的责任。如果你提这个问题“公司的人对你好吗？”你可能会获得一系列的抱怨。但是如果你提一个主动的问题，比如“为了建立积极的关系，你做了哪些努力？”这样，承担责任的人应该是谈话者，而非是你。

许多人有一种错误的观念，认为其他人可以让自己的生活变得更美好。比如，某一天，他的伴侣恍然开悟，开始满足他的一切要求，那么他的生活就会变得更加幸福。或者某一天，整个世界顿悟了，开始为他提供一切良机（比如中彩票），那么一切都会好起来。或者某一天，公司里的某个人突然开窍，把一切优惠的条件都拱手端到他面前，那么他的生活就开心了。

当然，这只是一个神话。事实上，幸福掌握在自己的手中，其他的人都不能为你带来幸福。如果两个不快乐的人生活在一起，而且都希望对方能够满足自己的要求，那么他们的婚姻不会幸福。通常，中彩票后，人们的生活还不如以前快乐。幸福是一种决定，是一种选择，这个选择只能由你自己做出。“如果你想要一个朋友，先做别人的朋友。”换句话说，如果你想事情有所改变，那么请采取行动。

提问的时候，尽量使用主动的问题。让你的团队明白，如果他们想要一个积极的工作环境，那么他们需要主动做出改变，比如让自己变得更开心、去建立积极的关系、找到工作的意义、为自己设立目标等等。身为教练，你当然可以帮助他们，比如为他们提供建议，倾听他们的想法，帮他们清除路上的障碍等等，但是教练的工作并不是让别人快乐。请不要有这样的内疚负担。

第四步：让员工用星图绩效表进行自评

从纵轴开始，让员工为自己的工作态度打分。然后，按照他的自评分数，让他估算一下自己在绩效表的纵轴上处于哪个位置。

接下来，让他评估自己的工作效率，并在星图绩效表的横轴上为自己评分。最后，鼓励他将两根轴上的得分结合在一起，确定他在绩效表上所处的区域。并让他解释这样自评的原因。

整个过程，你需要保持沉默。你可能对他所说的话持完全不同的意见，或者你可能认为他的评论不公平、不友善、过于狭隘或者毫无根据。但是不要去纠正他，不要为自己辩护，或者试图改变他的认识。让他说下去，你只需做一名积极的倾听者即可。

积极倾听指的是：

- **认真倾听**。关掉你的手机，正视对方，认真倾听，确保你能听懂他说的话。不要望向窗外，不要盯着自己的手表看，不要翻白眼，手里不要摆弄笔，不要神游进入自己的幻想世界，不要在心里思考如何反驳他。真正地倾听。

- **用肢体语言表达你的兴趣**。身体略微向前倾。必要的时候，点点头。保持微笑，身体表现出开放、邀请的状态。不要双手抱胸、不要紧握双拳、不要皱眉、不要怒目而视、不要用手指不停地敲桌子，或者发出哼哼地抗议声。保持必要的礼貌还不够，还要避免懒散地坐在椅子上、无聊地打哈欠、发出咂咂咂的声音、活动手指关节、用笔在纸上乱画、擤鼻涕等等。不时用“好的”、“是的”、“嗯嗯”这些短语鼓励他继续说下去。如果愿意，你可以做笔记。

• **清楚地提出疑问**。使用“你说的是……吗？”“当你说……，你的意思是……？”“帮助我理解……”“你能详细地阐述这一点吗？”等用语。

• **不要急着评价**。虽然你很想打断他的话，但是现在还不到你好为人师或者与他辩论的时候。抵御这种诱惑；现阶段，你只需倾听，清楚地提出疑问，并记笔记。

第五步：使用星图绩效表评估受训者

现在轮到你将他放到星图绩效表上。在此阶段，做到实事求是、具体、友善，这些至关重要。

现在从第一条标准开始：实事求是。

如果和你面谈的是一名优秀员工，或者潜在的优秀员工，做到这一点并不太难。只需对他实话实说，向他详细地阐述哪些地方是他的优势，哪些地方他需要得到进一步的提升。然后，向他解释为什么你对他的评估是这个等级。先讲工作态度，然后再讲工作效率这一指标。

讲真话会听起来更真诚，假话听起来就像是假的。如果你编造一些话语，以缓和对他的打击，或者试图掩盖真相，员工一听就能辨别出来。

没有得到处理的人力问题就像一座火山，终有一天会爆发。爆发之前，表面看起来一切都很正常。山上看起来很平静，但是，在这看似平静的表面底下，各种骚动、不安的情绪在积累，它们将岩石熔融。但是这一切从表面一点也看不出。突然某一天，岩浆会毫无征兆地开始喷发，从火山口爆发出来。爆发可以体现在几个方面，比如发生激烈地言语冲突、“因压力休假”、员工突然愤怒地离职，或者他们做出其他一些极端的反应。

有时候，这种爆发可能发生在内部，包括出轨、吸毒、抑郁等等。无论火山以哪种形式爆发出来，爆发结束后都会留下大片的荒芜、贫瘠、死寂。有可能这种伤痛会伴随着这名员工一辈子；有可能这个伤痕会让这个老板从此变得愤世嫉俗；或者这个团队会感到很诧异，为什么这位同事没有受到任何警告就被解雇。如果我们慢慢地将岩浆释放出来，而不是放任它积蓄到无法控制的临界点，那么我们就可以避免这一切的发生。

所以，实事求是。这样做并不是因为我们刻薄地想给对方带来伤害。实话实说的目的是因为你关心他，希望能够让情况变得更好。

当你讲完了他的优点，避免用“但是”这个词。“但是”这个词将会否决掉你前面对他的夸赞。所以，可以用“而且”代替“但是”。

第二条标准：具体。

你需要尽可能地举例说明，为什么他的评估成绩属于这个区域？如果他在星图绩效表中的态度一栏得分很高，那么告诉他原因，做到尽量具体。“上个月有一天，当一名顾客突然在店里大发脾气，你当时处理这件事的方式非常专业，正体现出我们公司的正确工作态度。”这样说更好，而不是单纯地说：“你体现出了专业的工作态度。”这会让员工感到很开心（甚至可能会感到诧异），因为你注意到他的工作表现并加以肯定和赞赏。

至于需要改进的地方，同样可以使用这种方法。“上个月，你连续三天上班迟到，这给整个团队都带来了麻烦，大家因为你而不得不工作很晚。”这样说比“至于准时这方面，你需要进一步改进”要更好。

最后一条标准是：友善。

每个人都有自尊，都不愿意听到对自己的负面评价。但是每个人的身上都有需要改进的地方，而且这需要有人指出。

回顾一下，当你听到别人对你的评价不是那么棒的时候，你是什么反应？你是不是变得戒备心很强、失去理性，或是会替自己辩解？

那么，如何让听话者能够接受你的评价呢？最好的方法就是做到态度友善。这并不是说给不良的行为找借口，或者明明做得不对，却说可以。对人友善指的是不要过于苛刻挑剔，不要纠结于无关紧要的小事。对人友善并不费力，我们应该尽可能地对人友善。

第六步：相互做出承诺

这个阶段，我们已经进行了积极的、真诚的谈话，你的员工应该准确无误地了解他在星图绩效表上的位置了。即使他不同意，他也了解你在这件事情上的看法。现在是做出承诺的时刻，在下一次的指导和沟通之前，你们需要互相做出承诺，如何让未来变得更好。

他的“承诺”是什么呢？他的承诺可以是今后将会变得更准时、提高工作质量、改变他对同事的态度，或者修复破碎的关系等。培训结束的时候，员工应该做出他愿意遵守的承诺。

身为教练，你也需要承担起一定的责任。直接提问以下三个问题：

1. 我应该如何帮忙？

2. 你对我或者公司有什么建议吗？

3. 还有什么事情需要我知道吗？

问题 1：“我应该如何帮忙？”

告诉他你的承诺：你将为他提供进一步的培训或者教练指导；或者你将要帮助他找到必要的工具和设备，让他的工作变得更容易；或是你将要帮助他扫除导致工作未能做好的障碍；或是你将陪他去修复一段关系；或者当他可能自己都没有注意到的情况下，重操那些你们谈过的破坏性的行为时，你会提醒他。

无论你将提供何种帮助，提出这个问题“我应该如何帮忙？”你可以做出承诺，并且将你的承诺写在教练的指导和沟通表格上。

问题 2：你对我或者公司有什么建议吗？

理论上，没有人是十全十美的。现在轮到你的员工表达他的观点。你已经做出你的评价，那么让你的员工也有机会能够无所顾忌地表达他的看法，这样才公平。你要不带任何偏见地倾听，看看能从中学到什么。

问题 3：有什么其他的事情需要我了解吗？

提这个问题的时候，如果员工事先有时间思考，那么你会得到很多有趣的答案。他可能会揭发他人，或者告诉你一些很重要，但是你现在并不知情的事情。我听说过的答案有：

• 公司一个男领导经常对和他一起工作的女同事“大献殷勤”。

• 有人一直从收银台偷钱。

或者更常见，但是很重要的事情，比如：

• 我想重回学校进修，干到秋天我就不做了。

• 另一家公司为我提供了工作机会，我还不知道该怎么做。

这个问题可能会带来许多意想不到的答案。这是一个很好的问题。当你完成了整个流程，那么这次的指导和沟通就结束了。

处理评估成绩的分歧

有时候，某个员工不认可他在星图绩效表上的位置。即使你们已经开放地探讨过这个问题，但是他可能仍对考核结果不满意，甚至存在极大的异议。

如果这件事发生在棒球队里，作为教练，你会如何处理？比如说，你的队员三振出局次数太多。于是，你找到这名队员面谈，告诉他需要改变本垒的位置，才能获得更好的成绩。但是，这名队员坚持说他是对的，你是错的，他想站在哪里就站在哪里，完全无视你的意见。

根据你拥有的权限，你可以有多种选择。你可以选择向更高的管理层报告，邀请另一个高级教练给出第三方的意见，一起协调找出解决方案。如果你是总经理，你对团队有着最高的管理权，那么你可以选择告诉这名队员，他可以站在任何位置，但是不要站在你的团队里了。

如果有人对绩效考核结果有强烈的异议,这实际上是一件好事,因为这暴露出某个急需解决的问题。就像某个早期的医学诊断。这个结果你不爱听，但是如果真的有问题，你会希望自己知道得越早越好。这也表明这次的指导和沟通很及时，很有必要。不管最终结果如何，这是打破僵局的第一步。否则这种现实差距会变得越来越大，情况会越来越糟，最后只会以惨剧收场。

你需要坦率地、毫无保留地将现实情况告诉员工。如果必要的话，你可以邀请更高权限的管理层参与。妥善处理好员工的认知与现实之间的差距，让你的团队远离“炮筒”、“地盘战”，以及“秘密”，使团队运行得更顺畅更高效。

行动步骤

• 使用星图绩效表评估其他员工之前，先进行一次自评。做到实事求是、具体、友善。

• 先从最高级别的经理开始，对他们进行教练指导和沟通。让大家知道公司的每个人都必须经历这个过程。

• 收集优秀员工的事迹，在访谈中告诉他。面谈的目的就在于鼓励员工，提高员工的满意度，让他们更愿意为你工作。

本章小结

在培训课开始之前，你可以未战先赢。人际互动之间永恒不变的原则包括：

• 人们信任喜欢他们且为他们着想的人。

• 如果人们认为你在反对他，那么他就不会信任你，并且也不会相信你说的话。

• 除非人们感到被理解，不然永远不会改变。

• 每个人看待事情的方式都是：“我能从中得到什么好处？”

一次教练指导和沟通包括以下几个步骤：

1. 确定你想要达到的结果，未战先赢。

2. 选择一个安全的环境——一个中立的地方。

3. 让他说。让他先“倒空自己”。

4. 让员工用星图绩效表进行自评。认真倾听，不要急着评价。

5. 使用星图绩效表对受训者进行评估。做到实事求是、具体、友善。

6. 让他对未来做出承诺。他将怎样做，以营造一个更好的工作环境？同时你也应该做出承诺，问他：你应该如何帮助他；他对你以及公司有什么建议；有什么其他的事情要告诉你？

第十五章

进阶：掌握高难度领导技巧

最重要的一件事就是从“我理解”转变成“帮助我理解”，改变（你的）内心态度。剩下的一切就会随之而来。

——道格拉斯·斯通（Douglas Stone）

《高难度谈话》作者

与星图绩效表中排名靠前的一半员工进行人事谈话，这很简单。因为这些是你喜欢的员工，他们拥有正确的工作态度，属于优秀员工。但是剩下的一半员工却完全不同。无论他们的工作效率高低与否，人事谈话中都会包含令人不快的内容。

实际上，这时你或许会强忍着不说实话，或者将接下来要说的话，就像踩钢琴的弱音踏板那样，轻描淡写，一笔带过。“这种事情真令人讨厌。”你对自己说。“完全说真话太难！”或者“这样直白地说出来只会让事情变得更糟。”但是，要起到作用，必须要做到实事求是，不然公司上上下下都会受到困扰。

如果领导不愿意实事求是地评价员工，大多数情况下，员工也就不能够清楚地明白绩效评估里所传递的信息。尽管评估员明白这名员工已经接近被炒鱿鱼的边缘，但是仍旧不愿意给他太多的负面评价，以免场面过于难看。所以他采取低调处理的方法，简单地讲几句，以为这名员工就明白了事情的严重性。实际上，由于员工的自负以及不愿听差评的心理，这种轻描淡写的负面评价根本产生不了什么效果。

通过面谈帮助员工认清现实

现在我们来讲一下如何与员工面谈，帮助他认清现实。请按照以下的步骤，逐步进行操作。

第一步：陈述事实。

第二步：描述行为模式。

第三步：询问员工的看法。

第四步：达成一致，确定下一步计划。

第一步：陈述事实

你已经告知他工作中表现优秀和需要改进的地方，并且也完成了星图绩效表的评估。接下来，你应该陈述事实，将你所观察到的，尽可能客观地、具体地告诉他。比如你的担心：

- “前 20 次轮班中，你迟到 8 次。”
- “我们两个重要的客户投诉你的客服水平。”
- “你的销售额与去年相比，下降了 25%，但是其他同事的销售额却平均增长了 10%。”

仅需客观地陈述事实，不要评价，不要描述你的感受或者他们的感受，只需陈述你所知道的事实。

第二步：描述行为模式

通常情况下，破坏性的行为会呈现出一种模式，在不同的情况下表现出来，但是模式很类似，而且可能都来源于同样的理由。比如：

- “前 20 次轮班中，你迟到 8 次。我注意到每周员工会议上你都迟到，而且，有两次工作没完成你就早退。”
- “我们两个重要的客户对你的客服水平提出投诉。而且，这周我已经看到两次你和同事说话的态度很恶劣。”

- “你的销售额与去年相比，下降了25%，但是其他同事平均增长了10%。而且，我还注意到在工作中，你看起来无所事事、心情低落。同时，员工会议你也没有出席，预算也超额了。”

第三步：询问员工的看法

他表现不佳的行为可能来源于某个情绪问题，而不是态度问题。除非他认为会得到你的理解，否则他不会打开心扉，接受你所提的建议。不要先入为主，怀疑他的动机是坏的，进而激化矛盾，比如不要说“我可以看出来你一点不在乎你的工作”或者“显而易见，你就是不懂得尊重别人”，应该询问他的看法，使用积极倾听的询问方式，比如：

- “你说的是……？”
- “当你这样说，你的意思是……？”
- “能否帮助我理解你为什么……？”
- “能否详细地阐述这一点？”
- “能不能讲得更详细一点？”

倾听他的说法，而不是思考接下来自己要说些什么，只需真正地去了解事实。总结你所听到的话，想想你观察到的行为模式是对还是不对。表达出你愿意倾听他说辞的兴趣，从而让他感受到你的真诚。

第四步：达成一致，确定下一步计划

接下来会发生什么？他将要每周和你见面来讨论事情的进展吗？他将要参加培训班或者学习吗？他将要向某人道歉吗？如果三

个月内他没有取得任何进步，他会被解雇吗？为了你和他的利益，清楚无误地让他知道接下来需要做什么。

清楚表达的重要性

我在职业早期的时候,曾在一家家族企业干过,他们对员工很好。实际上，这样反而会无意中降低员工的积极性。福利太多、有意义的反馈太少，再加上责任制的缺失，这会让本来很优秀的员工变得懒惰散漫、自以为是。

其中一位代表是一名在公司已经工作了20多年的老油条，他在当前的销售岗位做了三年。在此之前，他在公司从这个岗位换到另一个岗位，而他在每个岗位的表现都很差，每个岗位的领导最后都忍无可忍，于是就转手将他推给其他的人。这种现象也叫作“失败上升”。

他做销售的三年里，一次也没有完成销售目标。实际上，他连自己的工资都没有赚回来。也就是说，过去三年，每一天他花费公司的钱比他为公司带来的效益还要多。他非常擅长浑水摸鱼（消耗咖啡、开会时候发呆、一天8个小时坐在椅子上不挪位置、与行政人员聊天），就是不擅长吸引顾客来购买商品。

老板觉得，现在必须要做些什么，再也不能把他像烫手山芋一样推来推去。于是，公司给他四个月的期限进行整改，如果到时他还是没有提高的话，公司只好将他解雇。公司雇佣我来帮助他完成整改。我和他做的第一件事就是帮助他设立一个必须完成的目标，以保住这份工作。

我和这名员工进行面谈，并为他设定目标，还设定了重要的时间节点，做了所有的准备工作。但是，显而易见，从第一次会面开始，只有我一个人觉得这个时间节点很重要。整个过程，他都气定神闲，十分放松。我觉得很讽刺，他马上要面临丢掉饭碗的危险，而我并不是那个要失业的人，到底谁应该更紧张一些？

但是他不是这样看待这件事情的。他很自信，觉得整个令人讨厌的过程就像一场流感，很快就会消失，而他所需要做的就是：每个月和我坐在一起，将这个无聊的任务混完就行。我用尽全力想让他意识到现在的情况多么紧急，向他表明如果情形再无好转，老板已经下定决心将他解雇。

第二个月，我前来评估他的进展，却发现他上个月承诺过要做的事情一件也没完成——一件都没有。所以，我把上个月录下来的关于如果他不取得进展，就会被解雇的录音放给他听。然后，我再次和他列出一个待办事项清单，这次他同意将会认真对待。

可是第三个月还是屡教不改，他什么都没做。这次我给予他警告，“如果你还不动起来，下个月你就会被解雇！听懂了吗？拿出一些进步来！”他有点不好意思，并且承认他有点懒，但是这次他会认真的。

但是到了第四个月，我们还是一无所获。这次老板也过来了，我们让这名员工坐下。首先，老板概括了一下事情的整体情况，然后很难过地通知他，公司不得不将他放弃。这个家伙听后立马号啕大哭。

每个老板都讨厌这个时刻。大家都不知道该说些什么。于是，我说道：“你能不能和我们说说你到底是怎么想的？”他毫不迟疑地脱口而出：“我简直不敢相信这真的会发生！”

这一刻，我才深刻地了解，“不撞南墙不死心”的真正含义。我们永远也不要低估人类惊人的“不到黄河心不死”的能力。

所以无论我们要表达什么意思，一定陈述清楚。

教练指导不起作用的五种情况

如果你决定投入额外的时间精力，通过教练指导和沟通，让员工得到实质性的提升，那么在此之前，应确保没有障碍会阻碍你取得成功。以下几种情形中，教练指导不会发挥作用：

1. 如果使用教练指导来替代惩罚。

2. 如果他没有下定决心，承诺做出改变。

3. 如果接受培训的员工过去的工作表现一直很平庸（或者越来越差）。

4. 如果培训时注重员工的感受。

5. 如果这名员工不能（或者不愿意）全身心投入。

1. 如果使用教练指导来替代惩罚

在《圣诞颂歌》故事里，鬼的出现使埃比尼泽•斯克鲁奇发生了天翻地覆的变化。我们曾听说过某个工作效率高，但是工作态度差且脾气暴躁的员工，在被迫接受培训后，突然洗心革面，像变了个人似的。但是这种情况如同七月飘雪，我不会把它当作一种常态。

不管什么原因，如果受训人员不愿意接受培训、不愿意成长和进步，那么培训就不起作用。没有人能够强迫一个成年人去做他不愿去做的事情。很可能又是一个“我试过了，但是根本不起作用”的案例。

2. 如果他没有下定决心，承诺做出改变

如果一名员工想在某个领域取得“一点点的进步”，那么很可能六个月后什么变化也没有。比如，某个员工得到的反馈是与他共事很难，他也承认这点，但是仅仅说了一句“好的，我试一下”，就到此结束，那么很可能情况并不会好转。

如果想要得到实质性的进步，他不仅需要和你的担忧产生共鸣，而且他还需要去做出具体的、有时间限制的承诺。他应该将他做出的承诺与教练以及团队分享，并接受大家的监督。

受培训的员工需要有取得进步的决心。如果他抱怨和你坐在一起接受教练指导以及沟通的过程只是浪费时间，那么这不是一个好的信号。教练指导就好比给庄稼施肥。如果给一棵绿油油的、生长茂盛的植物施肥，那么这将会大大促进植物的生长。但是如果给一棵死去的植物施肥，那么这既浪费时间，又浪费精力和资源。

3. 如果接受培训的员工过去的工作表现一直很平庸

虽然你计划为团队的每个成员进行教练指导和沟通，但是把更多的时间用在那些真正想要进行培训，或者处于职业上升期的、愿意提升自己的职业发展的员工身上，才是明智之举。

如果一名员工正处于职业的上升期，那么很可能他会一直保持上升的趋势。如果这名员工的职业轨迹是平行的，或者是下降的，那么很可能这种趋势也会一直持续下去。实际上，不管有没有培训，所有的职业发展趋势都会持续下去。但是如果辅以教练指导，他们将会更快地到达目的地。处于平行或下降的职业轨迹的员工也会沿着这条道路一直走下去。唯一的区别在于，如果你坚持下去，培训这些员工的挫败感将会消耗你未来的两年时间，而且，你将会成为

一名公认的失败的培训师。

我曾经和世界上最优秀的培训师聊天，他告诉我成功的秘密非常简单：和世界上最优秀的人一起工作，你将会取得不可思议的进步。最优秀的人无论和谁一起工作，都会获得斐然的成绩。因为受训员工取得了辉煌成绩，那么培训师也可以一起分享胜利的荣耀。

过去的成功是未来能否取得成功的最佳预测。

4. 如果培训时注重员工的感受

教练指导成功的关键在于：为受训的员工提供某种工具以及责任机制，帮助他意识到本周或者本季度是否表现不佳，以便他做出适时的调整。当你哭泣的时候，如果有朋友愿意倾听，做你可依靠的肩膀，那么这很棒。但这并不是教练的职责。

你曾向足球教练哭诉感情受到了伤害吗？他不会同情安慰你，他的职责是让你变得更优秀，让你成为你从未想过可以成为的那种人。妈妈的职责是听你哭诉，帮你擦干眼泪，告诉你没关系。两种角色都很重要，但请记住你现在需要扮演哪种角色。

5. 如果这名员工不能（或者不愿意）全身心投入

教练指导如果要发挥作用，那么就需要全身心的投入。有时候，时机决定一切。如果一名员工现在（即使是一名处于职业上升期的员工）空不出时间，或者当前不愿意优先将精力放在培训上，那么培训的效果也会很有限。

为了获得更佳的效果，我们需要进行系统化的训练。回想一下，你在运动中所取得的进步。如果你在街上打曲棍球，做完作业后，你带着自己的球杆开始在路上训练。等妈妈喊你回家吃饭时，训练就到此结束。剩下的时间就是随意练练。

如果你参加的是职业冰球比赛，那么你需要付费进行冰上训练，购买装备，按时参加训练（每个人都希望如此），然后开始滑冰练习，你会累得满头大汗，也会玩得很开心。这种训练比打路上曲棍球更系统，相应地，训练效果也会更好——但还不是最好。

如果你在国家冰球联盟里打球，你将会接受一整套系统的训练。你的饮食习惯、运动习惯，包括你的睡眠习惯都会有一系列的标准。你打球的方式将会有专业的设计，并且将会接受定期检查。针对你在球场各方面的表现，每场比赛你都会得到定期的、及时的反馈，以便你取得进一步的提高。只有这样，你的球技才会取得质的提升。

行动步骤

• 在工作中，使用积极的倾听方法之前，先在家进行练习。把你的伴侣或者朋友带出去喝咖啡，关掉你的手机，将本章提到的步骤逐步操练一遍。

• 为自己找一名教练。你可以和一名朋友约好互相指导，有效的培训并不一定需要花钱。

• 找到一名愿意共同成长的朋友。每天想一到两个问题，相互提问，比如“今天你做了 100 个俯卧撑吗？”或者“你今天准时出席了每个会议吗？”每晚睡觉前，发消息告诉对方是否已完成。

本章小结

高难度的人事谈话包括以下几个步骤：

1. 陈述事实。清楚地地告诉他哪些行为需要做出改变。

2. 描述行为模式。

3. 询问员工的看法。

4. 达成一致，确定下一步计划。清楚地告诉他应该做出哪些改变，帮助他制定改进措施，以及如果不改变的话，会有什么后果。

以下几种情形，不要浪费时间进行教练指导：

1. 如果使用教练指导来替代惩罚。

2. 如果他没有下定决心，承诺做出改变。

3. 如果接受培训的员工过去的工作表现一直很平庸（或者越来越差）。

4. 如果培训时过分注重员工的感受。

5. 如果这名员工不能（或者不愿意）全身心投入。

结论
我的经验

成大事的唯一途径就是做自己喜欢的事情。若你还没找到，那就继续追寻吧，不要停下来。跟随自己的内心，一旦找到了自己喜欢的事，感觉就会告诉你。

——斯蒂夫•乔布斯（Steve Jobs）
苹果公司的联合创始人以及CEO

这些年来，我明白了公司好比一面镜子，可以折射出你身上的所有优点和缺点。你看到的团队成员身上的行为（你喜欢或者不喜欢的）正体现了你的领导风格。如果你善于交际，但有点邋遢，那么你的团队可能看起来也是如此：销售很强劲，但是公司内部可能很混乱。如果你属于脚踏实地、墨守成规的类型，那么你的单位可能严格按照规章办事，但是顾客可能觉得你们的态度有点冷淡、不够灵活。

最重要的是，领导能够率先起到示范作用，能够垂范地执行向员工所宣扬的那些态度。领导的速度决定团队的速度。

领导者成长的七种方法

现在到了审视自身优势和劣势的时刻。你的工作单位是如何看待你的？当然你明白他们讨论过这个问题。你的老板是怎么看你的？如果你就是自己的老板，你可能很难得到诚实的答案。如何才能当一名领导、当一名优秀的领导，以及当一名越来越优秀的领导，以下有几点建议：

1. 根据第二章的“四大问题”，为自己评分。

2. 根据星图绩效表进行自评。

3. 为挑战而工作，而不是为金钱而工作。

4. 注重如何让自己在本职工作中变得越来越优秀，而不是仅仅关注于如何推进自己的事业发展。

5. 学会情绪管理。

6. 培养解决问题的能力，而不仅仅是分析问题。

7. 培养持之以恒的毅力。

1. 根据第二章的“四大问题”，为自己评分

问题 1：如果重来一次，你的老板是否会再次热情地聘用你？如果你是老板的话，你是否会热情地聘用自己来担任当前的职位，或者是另请高明？

问题 2：你能为老板排忧解难吗？或者，如果你是老板的话，你是否给其他的团队成员带来了烦忧？

问题 3：如果你辞职的话，你的老板会怎么想？他是否会竭尽全力挽留你？如果你的团队成员听说你要离职，将有一名新老板时，他们会是什么反应？

问题 4：如果公司里的每位员工都和你一样，情况会如何？公司的情况会变得更好还是更差？

2. 根据星图绩效表进行自评

自评结束后，请你的老板或重要的同事为你评估。与他们面谈，真实地探讨你的自评成绩以及哪些地方需要改进。请记住：如果你对自身的认识与现实不同，那么很可能你错了。

如果你是老板，但是不够优秀，那就会出现问题！提升自己的技能，或者调整职位，做自己所热爱的事情，停止从事自己讨厌的工作。

3. 为挑战而工作，而不是为金钱而工作

如果接受一份工作的原因仅仅是因为薪酬待遇不错，这通常都是一个错误的决定。最好的工作理由应该是这份工作将会最大化地发挥你的潜能。离职的理由也应该如此。最好的离职理由应该是，对你而言这份工作不再具有挑战性，而不是因为别家公司为你提供了更高的薪酬待遇。

4. 注重如何让自己在本职工作中变得越来越优秀，而不是仅仅关注于如何推进自己的事业发展

思考一下微软公司的联合创始人比尔·盖茨曾经的一句名言："烙牛肉饼并不有损你的尊严。你的祖父母对烙牛肉饼可能有不同的定义，他们称它为机遇。"

如果你的问题是"如何赚更多的钱"或者是"工作如何得到更多的晋升机会"，那么你问错了问题。你应该问："我如何让自己在本职工作中变得越来越优秀？我如何更加关注工作中我所热爱的那部分？"

如果你发现并发掘了自己独特的天赋，那么努力找到一个能够施展自己才华的地方。找到一个岗位，能够发挥并发展自己的潜能，将它转变成你所具备的技能，使你的潜能得到最大限度地利用。那么，你将会在自己擅长的领域变得越来越优秀，而且，你将会热爱这份工作。在哪里存在，就在哪里绽放。机会将会垂青那些有准备

的人。大家都会注意到（并且想要得到）优秀的人才。

5. 学会情绪管理

为什么公司会停止成长？最常见的原因之一就是，领导者不愿处理内耗的人力问题。如果你是大家公认的那种让房间充满正能量的人，你将会受到大家的欢迎和认可。如果你属于那种需要向周围的人发泄自己情绪的人，那么你在当前职位还要干上一段时间，甚至有可能会降职，或者可能平行调动，这样你现在的同事就不用再倾听你的抱怨。

如果你被自己的情绪所控制，那么情绪将会成为你最大的敌人。不要让这种事情发生。情绪应该服从于你的意志。你并不是无计可施的环境受害者。

6. 培养解决问题的能力，而不仅仅是分析问题

分析问题是一种被高估的能力。大部分的人都能够识别问题在哪里。我们更需要知道的是如何解决这个问题。更重要的是，我们需要知道谁可以解决这个问题。

养成习惯，面对公司或者团队的任何问题时，准备两三个可能的解决方案。如果你看到有一个棘手的难题，其他人都不愿意去接手，你应该勇敢地站出来，主动承担和解决。总之，总是需要有个人站出来说："交给我吧，我来将它完成。"

7. 培养持之以恒的毅力

许多年轻人在成长的过程中，一切都来得太快太容易。如果他们想要吃的，微波炉几分钟就准备好了。在学校，赞美也是唾手可得。现在的教育系统不鼓励竞争，学生表现再差，也不允许老师让学生

不及格。“直升机式父母”告诉孩子，他们很优秀，他们将来可以成为自己梦想中的任何一种人。媒体教会他们友情是肤浅的。他们学会“喜欢”某个人，但是并没有学会如何经营一段感情。圣诞节，他们得到大量的礼物；万圣节时，他们将会得到更多的礼物。

这样，无意识中，他们就会形成一种期望值：大家马上就会注意到他是一名“神童”；他能够不费吹灰之力即可攫得晋升机会。但是，事实并非如他们所想象。于是，他们大失所望，而倍感受挫。

我最近一次去以色列旅行，我们的向导（曾是一名以色列的军官）告诉我们，以色列的领导不是成长在城市的喧嚣里，而是铸造在沙漠的荒芜里。我们当时在内盖夫沙漠长途跋涉，那里是一片不毛之地。就像火星的表面一样（实际上，电影《火星》就是在这里拍摄），食物和水都很缺乏。在沙漠里，领导学会重要的生活经验和领导能力。在那里，领导学会持之以恒、自力更生、坚韧不拔、深刻的感情，以及足智多谋等众多优良的品质。在城市，我们学会的只是肤浅、速度和手段。一些最伟大的以色列领导者（包括第一任首相戴维·本·古里安），坚持将培训总部设在沙漠，这样，回到城市后，他们将会成为更高效的领导。成功并非来自于一路顺风顺水，成功来源于逆境、痛苦、失败，甚至有时候，可能来源于灾难。

我曾经和一名CEO合作。他告诉我，他一生中干过最重要的工作是在一家家具公司做安装部的经理。整整七年，他爬过梯子，搬过重物，和一群没有任何其他选择的家伙一起，长时间地做着一份特别辛苦的工作。这份工作教会他坚持不懈、职业道德、坚韧不拔、足智多谋，以及领导技巧。正是那里的艰苦，才将他铸造成一名强大成熟的领导者。

几个月之前，我和一名不开心的年轻人聊天，他一年内得到两次提升，但是他现在正考虑离职，因为他不满意这个进展，觉得一切都太无聊。

所有成功的领导者身上都有一个共同的特质：持之以恒的毅力。这种坚韧不拔的精神要趁早培养。领导他人是一份最辛苦的工作，但也是最有成就感的工作。正如世上一切值得做的事情那样，这需要持之以恒的毅力。

打造必赢的氛围

这是真实发生的故事。在最近的运动赛事中，发生了一次举世瞩目的大逆袭。

2012 年，波士顿红袜棒球队输掉了 90 多场比赛，在美国棒球联盟东区中排名倒数第一。对于这支富有传奇色彩的球队来说，这是自从 1965 年以来最惨的一个赛季。很多人都怪罪于总教练瓦伦泰失败的领导。有流言说，队员内斗严重，管理混乱。粉丝们感到很沮丧，球员们也很伤心。好像又回到“贝比•鲁斯魔咒”的那段悲惨历史：1918 年，美国职业棒球员贝比•鲁斯被红袜队卖给洋基队，诅咒红袜队无法再拿世界冠军。从此以后的 86 年，红袜队一次也没有赢得世界冠军。

但是，在 2013 年，红袜突破“贝比•鲁斯诅咒”，勇夺睽违 86 年的世界大赛冠军，成功演绎了美国职业棒球联盟比赛中最大的一次逆袭。

在短短的一年内，红袜队是如何从最差的球队转变成世界第一的球队呢？秘诀在于组织的各个层面，都发生了重大的人事变革，从而打造了和以前截然不同的必赢氛围。

首先，球队老板辞去了瓦伦泰的总教练职务，并引进新的教练法瑞尔，他带来了完全不同的管理风格。他首先向大家宣布，他想要“赢得大家的信任和尊重，并想把俱乐部打造成一个令人信任的地方”。他确保每个球员都清楚地了解他对他们的期望，并且全力支持每个队员取得成功。“对我们而言，他更像一位父亲，而不是老板。从春训的第一天开始，他就让我们明白他在背后支持着我们。”一次比赛胜利后，红袜队看板球星老爹欧提兹评论道。

法瑞尔对球队阵容也做了重大的变革，他为球队引进了维多里诺、高梅兹、游击手祖鲁、捕手纳波里等多名球员，他们都是很有实力的优秀老将。

当然，与其他获得胜利的赛季一样，红袜队的惊人胜利还有一些其他的原因。但是，成功是从人开始的，自古以来，一向如此。

正如第十章所讲述的，将合适的人安排在合适的位置上，他们的绩效水平将是普通员工的三倍。

如果公司的关键岗位用对人，那么 90% 的人力问题都会自动消失。你根本无须管理，你将可以自由引导。这不是一句广告语，这确实是真的。

开始磨炼这项最重要的领导技能吧！

祝你好运！

致 谢

感谢我的客户，因为有他们，我才有幸将这些理念付诸实践。首先我要感谢戴维·范·百丽帮助我研发了“教练指导和沟通”工具。这个工具在他公司首先测试后，我们才把它推广到其他的公司和行业。我还要感谢瞪羚国际大酒店（Gazelle International），他们提出了用四象限来评估员工的理念。感谢吉姆·柯林斯（Jim Collins），公司的核心价值理念就出自于他的著作《基业长青》（Built to Last）。我要感谢我美丽的妻子詹（Jenn），她给予我很多鼓励，她还参与了初稿的编辑工作。如果我们没有结婚，我们肯定也会开始一段狂热的恋情。感谢我们的孩子：朱莉娅（她协助编辑工作）、山姆、艾拉和威尔。过去 20 年里，他们为我的生活带来众多欢笑、意义与成长。我要感谢我的兄弟罗瑞尔（做了大量的编辑工作）、林德（为本书提供插图），还有道格·李斯特，作为一名律师，他注重细节，力求完美，为本书提供了许多批评指正意见，避免我犯下尴尬的错误。

我要感谢约翰·柯川（John Coltrane）、斯坦·盖茨（Stan Getz）、戴夫·布鲁贝克（Ddave Brubeck）、迈尔斯·戴维斯（Miles Davis）、奥斯卡·彼得森（Oscar Peterson）、查理·帕克（Charlie Parker）、塞隆尼斯·孟克（Thelonious Monk）、马沙利斯家族（Marsalis ）、桑尼·罗林斯（Sonny Rollins）、弗兰克、埃拉、梅尔等许许多多爵士乐巨匠。我在办公室撰写这本书的时候，他们的音乐声一直陪伴着我。